KB187669

朝鮮總督府 編纂

초등학교 <地理> 교과서(上)

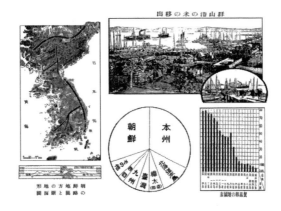

김순전 · 사희영 · 박경수 · 장미경

김서은 · 차유미 · 여성경 編

제이앤씨
Publishing Company

1932년 『初等地理書』 卷一

初等地理書 卷一

朝鮮總督府

1933년 『初等地理書』 卷二

初等地理書 卷二

朝鮮總督府

≪總 目 次≫

1933년 『初等地理書』 卷二

序 文

1. 조선총독부 편찬 초등학교 <地理>교과서 원문서 발
간의 의의

　본서는 일제강점기 조선총독부에 의해 편찬된 관공립 초등학교용
<地理>교과서 『初等地理書』 卷一·二(1932-33, 2권), 『初等地理』
卷一·二(1940-41, 2권), 『初等地理』 第五·六學年(1944) 등 총 6권
에 대한 원문서이다.

　교과서는 국민교육의 정수(精髓)로, 한 나라의 역사진행과 불가분
의 관계성을 지니고 있기에 그 시대 교과서 입안자의 의도는 물론이
려니와 그 교과서로 교육받은 세대(世代)가 어떠한 비전을 가지고
새 역사를 만들어가려 하였는지를 알아낼 수 있다.

　주지하다시피 한국의 근대는 일제강점을 전후한 시기와 중첩되어
있었는데, 그 관계가 '국가 對 국가'이기보다는 '식민자 對 식민지'라
는 일종의 수직적 관계였기에 정치, 경제, 사회, 문화, 교육에 이르기
까지 일제의 영향을 배제하고는 생각하기 어렵다.

　이는 교육부문에서 두드러진 현상으로 나타난다. 근대교육의 여명
기에서부터 일본의 간섭이 시작되었던 탓에 한국의 근대교육은 채
뿌리를 내리기도 전에 일본의 교육시스템을 받아들이게 되었고, 이
후 해방을 맞기까지 모든 교육정책과 공교육을 위한 교과서까지도
일제가 주도한 교육법령에 의해 강제 시행되게 되었다. 그런 까닭에
일제강점기 공교육의 기반이 되었던 교과서를 일일이 찾아내어 새

로이 원문을 구축하고 이를 출판하는 작업은 '教育은 百年之大系'라는 생각으로 공교육을 계획하는 국가 교육적 측면에서도 매우 중차대한 일이라 여겨진다. 이야말로 근대 초등교과과정의 진행과 일제의 식민지교육정책에 대한 실체를 가장 적확하게 파악할 수 있는 기반이 될 뿐만 아니라, 현 시점에서 보다 나은 시각으로 역사관을 구명할 수 있는 기초자료가 될 수 있기 때문이다.

지금까지 우리는 "일본이 조선에서 어떻게 했다"는 개괄적인 것은 수없이 들어왔으나, "일본이 조선에서 이렇게 했다"는 실체(實體)를 보여준 적은 지극히 드물었다. 이는 '먼 곳에 서서 숲만 보여주었을 뿐, 정작 보아야 할 숲의 실체는 보여주지 못했다.' 는 비유와도 상통한다. 때문에 본 집필진은 이미 수년전부터 한국역사상 교육적 식민지 기간이었던 일제강점기 초등교과서의 발굴과 이의 복원 정리 및 연구에 진력해 왔다. 가장 먼저 한일 <修身>교과서 58권(J:30권, K:28권) 전권에 대한 원문서와 번역서를 출간하였고, <國語(일본어)>교과서 72권 전권에 대한 원문서와 번역서의 출간을 지속적으로 진행하고 있는 중에 있다. 또한 <唱歌>교과서의 경우 19권 전권을 원문과 번역문을 함께 살펴볼 수 있도록 대조번역서로서 출간한 바 있다. 또한 이들 교과서에 대한 집중연구의 결과는 이미 연구서로 출간되어 있는 상태이다.

일제강점기 조선의 초등학교에서 사용되었던 <地理>교과서 원문서 발간은 이러한 작업의 일환에서 진행된 또 하나의 성과이다. 본 원문서 발간의 필연성은 여타의 교과서와는 다른 <地理>교과서의 교육적 효과, 즉 당시의 사회상을 통계와 실측에 기초한 각종 이미지 자료를 활용하여 보다 실증적인 교육전략을 구사하고 있기에 그 의의를 더한다.

한국이 일본에 강제 병합된 지 어언 100년이 지나버린 오늘날, 그 시대를 살아온 선인들이 유명을 달리하게 됨에 따라 과거 민족의 뼈 아팠던 기억은 갈수록 희미해져 가고 있다. 국가의 밝은 미래를 그려 보기 위해서는 힘들고 어려웠던 지난날의 고빗길을 하나하나 되짚어 보는 작업이 선행되어야 하지만, 현실은 급변하는 세계정세를 따르는데 급급하여 이러한 작업은 부차적인 문제로 취급되고 있는 실정이다. 과거를 부정하는 미래를 생각할 수 없기에 이러한 작업이 무엇보다도 우선시되어야 할 필연성을 절감하지 않을 수 없는 것이다.

최근 일본 정치권에서는 제국시절 만연했던 국가주의를 애국심으로 환원하여 갖가지 전략을 구사하고 있다. 물론 과거의 침략전쟁에 대한 비판의 목소리도 있긴 하지만, 현 일본 정치권의 이같은 자세에 대해 더더욱 실증적인 자료 제시의 필요성을 느낀다.

본서의 발간은 일제강점기 조선인 학습자에게 시행되었던 <地理>교과서를 복원함으로써 <地理>교육에 대한 실증적 자료제시와 더불어 관련연구의 필수적 기반으로 삼고자 하는 것이다.

2. 일제강점기 지리교육의 전개와 <地理>교과서

1) 식민지 지리교육의 전개

한국 근대교육의 교과목에 공식적으로 <歷史>와 함께 <地理>과목이 편제된 것은 1906년 8월 공포된 <普通學校令> 제6조의 "普通學校 教科目은 修身, 國語 및 漢文, 日語, 算術, 地理, 歷史, 理科, 圖畵, 體操로 한다. 여자에게는 手藝를 가한다."(勅令 제44호)는 조항에

의한다. 그러나 <普通學校規則> 제9조 7항을 보면 "地理歷史는特別
ᄒᆞ時間을定치아니ᄒᆞ고國語讀本及日語讀本에所載한바로敎授ᄒᆞᄂᆞ니
故로讀本中此等敎授敎材에關교ᄒᆞ야는特히反復丁寧히設明ᄒᆞ야學徒
의記憶을明確히홈이라."고 되어 있어, 별도의 시수 배정이나 교과서
편찬은 하지 않고 國語(일본어) 과목에 포함시켜 교육하고 있었음을
말해준다.

　이러한 시스템은 강점이후로 그대로 이어졌다. 한국을 강제 병합
한 일본은 한반도를 일본제국의 한 지역으로 인식시키기 위하여 '大
韓帝國'을 '朝鮮'으로 개칭(改稱)하였다. 그리고 제국주의 식민지정
책 기관으로 '朝鮮總督府'를 설치한 후, 초대총독으로 데라우치 마사
타케(寺內正毅, 이하 데라우치)를 임명하여 원활한 식민지경영을 위
한 조선인의 교화에 착수하였다. 이를 위하여 무엇보다도 역점을 둔
정책은 식민지 초등교육이었다. 1911년 8월 공포된 <朝鮮敎育令>
全文 三十條에는 데라우치의 조선인교육에 관한 근본방침이 그대로
담겨 있는데, 그 요지는 '일본인 자제에게는 학술, 기예의 교육을 받
게 하여 국가웅성의 주체가 되게 하고, 조선인 자제에게는 덕성의 함
양과 근검을 훈육하여 충량한 국민으로 양성해 나가는 것'이었다. 교
과서의 편찬도 이의 취지에 따라 시도되었다.

　그러나 강점초기 <地理> 및 <歷史>과목은 이전과는 달리 교과목
편제조차 하지 않았다. 당시 4년제였던 보통학교의 학제와 관련지어
5, 6학년에 배정된 역사, 지리과목을 설치할 수 없다는 표면적인 이
유에서였지만, 그보다는 강점초기 데라우치가 목적했던 조선인교육
방침, 즉 "덕성의 함양과 근검을 훈육하여 충량한 국민으로 양성"해
가는데 <地理>과목은 필수불가결한 과목에 포함되지 않았다는 의
미에서였을 것이다. <地理>에 관련된 내용이나 변해가는 지지(地

誌)의 변화 등 지극히 일반적인 내용이나 국시에 따른 개괄적인 사
항은 일본어교과서인 『國語讀本』에 부과하여 학습하도록 규정하고
있었기에, 좀 더 심화된 <地理>교과서 발간의 필요성이 요구되지
않았던 까닭으로 보인다.

일제강점기 초등교육과정에서 독립된 교과목과 교과서에 의한 본
격적인 지리교육은 <3·1운동> 이후 문화정치로 선회하면서부터
시작되었다. 보통학교 학제를 내지(일본)와 동일하게 6년제로 적용
하게 되면서 비로소 5, 6학년과정에 <國史(일본사)>와 함께 주당 2
시간씩 배정 시행되게 된 것이다. 이러한 사항은 1922년 <제2차 교
육령> 공포에 의하여 법적 근거가 마련되게 되었다. 이후의 <地理>
교육은 식민지교육정책 변화에 따른 교육법령의 개정과 함께 <地
理>과 교수요지도 변화하게 된다. 그 변화 사항을 <표 1>로 정리해
보았다.

<표 1> 조선 교육령 시기별 <地理>과 교수 요지

시 기	법적근거	내 용
2 차 교 육 령 (1922. 2. 4)	보통학교 규정 14조 조선총독 부령 제8호 (동년 2. 20)	- 지리는 지구의 표면 및 인류생활의 상태에 관한 지식 일반을 가르치며, 또한 우리나라(일본) 국세의 대요를 이해하도록 하여 애국심을 기르는데 기여하는 것을 요지로 한다. - 지리는 우리나라(일본)의 지세, 기후, 구획, 도회(都會), 산물, 교통 등과 함께 지구의 형상, 운동 등을 가르치도록 한다. 또한 조선에 관한 사항을 상세하게 하도록 하며, 만주지리의 대요를 가르치고, 동시에 우리나라(일본)와의 관계에서 중요한 여러 국가들의 지리에 대해 간단한 지식을 가르치도록 한다. - 지리를 가르칠 때는 될 수 있는 한 실제 지세의 관찰에 기초하며, 또한 지구본, 지도, 표본, 사진 등을 제시하여 확실한 지식을 가지도록 한다. 특히 역사 및 이과의 교수사항과 서로 연계할 수 있도록 한다.

3 차 교 육 령 (1938. 3. 3)	소학교규 정 21조 조선총독 부령 제24호 (동년 3. 15)	- 지리는 자연 및 인류생활의 정태에 대해서 개략적으로 가 르쳐서 우리 국세의 대요와 여러 외국의 상태 일반을 알게 하야 우리나라의 지위를 이해시킨다. 이를 통해서 애국심을 양성하고 국민의 진위발전의 지조와 기상을 기르는 데에도 기여하도록 한다. - 심상소학교에서는 향토의 실세로부터 시작하여 우리나라의 지세, 기후, 구획, 도회, 산물, 교통 등과 함께 지구의 형상, 운동 등의 대요를 가르친다. 또한 만주 및 중국 지리의 대요 를 알게 하며, 동시에 우리나라와 밀접한 관계를 유지하는 여러 외국에 관한 간단한 지식을 가르치고 이를 우리나라 (일본)와 비교하도록 한다. - 고등소학교에서는 각 대주(大洲)의 지세, 기후, 구획, 교통 등의 개략에서 나아가 우리나라와 밀접한 관계를 가지는 여 러 외국의 지리 대요 및 우리나라의 정치 경제적인 상태, 그 리고 외국에 대한 지위 등의 대요를 알게 한다. 또한 지리학 일반에 대해서도 가르쳐야 한다. - 지리를 가르칠 때는 항상 교재의 이동에 유의하여 적절한 지식을 제공하고, 또한 재외 거주 동포들의 활동상황을 알 게 해서 해외발전을 위한 정신을 양성하도록 해야 한다. - 지리를 가르칠 때는 될 수 있는 대로 실지의 관찰에 기초하 며, 또한 지구의, 지도, 표본, 사진 등을 제시하여 확실한 지 식을 가지도록 한다. 특히 역사 및 이과의 교구사항과 서로 연계할 수 있도록 한다.
국 민 학 교 령 (1941. 3)과 4 차 교 육 령 (1943. 3. 8)	국민학교 규정 7조 조선총독 부령 제90호	- 국민과의 지리는 우리국토, 국세 및 여러 외국의 정세에 대 해 이해시키도록 하며, 국토애호의 정신을 기르고 동아시아 및 세계 속에서 황국의 사명을 자각시키는 것으로 한다. - 초등과는 생활환경에 대한 지리적 관찰에서 시작하여 우리 국토 및 동아시아를 중심으로 하는 지리대요를 가르치며, 우리 국토를 올바르게 인식시키고 다시 세계지리 및 우리 국세의 대요를 가르쳐야 한다. - 자연과 생활과의 관계를 구체적으로 고찰하도록 하며, 특히 우리 국민생활의 특질을 분명하게 밝히도록 한다. - 대륙전진기지로서 조선의 지위와 사명을 확인시켜야 한다. - 재외국민의 활동상황을 알도록 해서 세계웅비의 정신을 함 양하는데 힘써야 한다. - 간이한 지형도, 모형 제작 등 적당한 지리적 작업을 부과해 야 한다. - 지도, 모형, 도표, 표본, 사진, 회화, 영화 등은 힘써 이를 이

		용하여 구체적, 직관적으로 습득할 수 있도록 해야 한다. - 항상 독도력의 향상에 힘써 소풍, 여행 기타 적당한 기회에 이에 대한 실지 지도를 해야 한다.

위의 교육령 시기별 <地理>과 교수요지의 중점사항을 살펴보면, <2차 교육령> 시기는 지리교육 본연의 목적인 "지구의 표면 및 인류생활의 상태에 관한 지식 일반"과 함께 "국세의 대요 이해"와 "애국심 앙양"에, <3차 교육령> 시기에는 이에 더하여 "국민의 진위발전의 지조와 기상 육성", "해외발전을 위한 정신양성"에 중점을 두었다. 그리고 <태평양전쟁>을 앞두고 전시체제를 정비하기 위해 <국민학교령>을 공포 이후부터는 '修身', '國語', '歷史'과목과 함께 「國民科」에 포함되어 "국토애호정신의 함양", "황국의 사명 자각, 즉 대륙전진기지로서 조선의 지위와 사명의 확인"이라는 사항이 추가로 부과되어 <4차 교육령> 시기까지 이어진다. 식민지 <地理>교육은 각 시기별 교육법령 하에서 이러한 중점사항을 중심으로 전개되었다.

2) 일제강점기 <地理>교과서와 교수시수

식민지 초등학교에서의 본격적인 <地理>교육은 1920년대부터 시행되었으며, 처음 교과서로는 일본 문부성에서 발간한 『尋常小學地理』와 조선의 실정을 감안한 2권의 보충교재, 즉 문부성 편찬의 『尋常小學地理』卷一·卷二에 조선지리 부분은 ①『尋常小學地理補充教材』(1920)와 ②『普通學校地理補充教材』(1923)가 사용되었다. 이후 근로애호, 홍업치산의 정신이 강조되면서 1927년 <보통학교규

정>이 개정되고, 아울러 식민지 조선의 실정에 입각한 보통학교용 지리교과서 개발의 필요성이 제기됨에 따라 새롭게 편찬된 교과서가 ③『初等地理書』卷一・卷二(1932~33)이다.

『初等地理書』卷一・卷二는 당시 학문으로서의 과학성보다는 교양으로서 실용성을 우위에 두었던 일본 지리교육계의 보편적 현상에 따라 일차적으로 지방을 구분하고 자연 및 인문의 항목 순으로 기술하는 정태(情態)적 구성방식을 취하였고, 내용면에서는 당시의 식민지 교육목적을 반영하였다. 이후 식민지기 조선에서 사용된 초등학교 <地理>교과서는 시세에 따른 교육법령과 이의 시행규칙에 의하여 위와 같이 부분 혹은 대폭 개정되게 된다. 다음은 일제강점기 <地理>교과서 발간사항이다.

<표 2> 일제강점기 조선총독부 <地理>교과서 편찬 사항

No	교 과 서 명	발행년도	분량	가격	사용시기	비 고
①	尋常小學地理補充敎材	1920	44	10錢	1920~1922	일본문부성편찬『尋常小學地理』上・下를 주로하고 조선 관련사항을 보충교재로 사용함.
②	普通學校地理補充敎材 全	1923	32	10錢	1923~1931	
③	初等地理書 卷一	1932	134	18錢	1931~1936	조선총독부발간 초판 지리교과서임.(2차 교육령의 보통학교규정 반영)
	初等地理書 卷二	1933	190	20錢		
④	初等地理 卷一	1937	143	17錢	1937~1939	부분개정
	初等地理 卷二	1937	196	19錢		
⑤	初等地理 卷一	1940	151	19錢	1940~1942	〃 (3차 교육령 반영)
	初等地理 卷二	1941	219	24錢		
⑥	初等地理 卷一	1942	151	24錢	1942~1943	〃 (국민학교령 반영)
	初等地理 卷二	1943	152	24錢		
⑦	初等地理 第五學年	1944	158	29錢	1944~1945	전면개편 (4차 교육령 반영)
	初等地理 第六學年	1944	159	28錢		

1931년 9월 <만주사변>을 일으킨 일제는 이듬해인 1932년 만주

국을 건설하고 급기야 중국본토를 정복할 목적으로 1937년 7월 <중일전쟁>을 개시하였다. 그리고 조선과 조선인의 전시동원을 목적으로 육군대장 출신 미나미 지로(南次郞)를 제7대 조선총독으로 임명하여 강력한 황민화정책을 시행코자 하였으며, 이의 법적장치로 '국체명징(國體明徵)', '내선일체', '인고단련(忍苦鍛鍊)' 등을 3대 강령으로 하는 <3차 교육령>을 공포(1938)하기에 이른다. 개정된 교육령에서 이전에 비해 눈에 띠게 변화된 점은 단연 교육기관 명칭의 개칭과 교과목의 편제이다. 기존의 '보통학교(普通學校)'를 '소학교(小學校)'로, '고등보통학교'를 '중학교(中學校)'로, '여자고등보통학교'를 '고등여학교(高等女學校)'로 개칭하였음이 그것이며, 교과목의 편제에 있어서도 '조선어'는 수의과목(선택과목)으로, '國語(일본어)', '國史(일본사)', '修身', '體育' 등의 과목은 한층 강화하였다.

이러한 취지는 ⑤『初等地理』卷一・二(1940~41)에 그대로 반영되었다. 『初等地理』卷一・二(1940~41)의 변화사항은 구성과 내용 공히 시세에 따른 변화된 사항이 상당부분 반영되었다. 구성면에서는 국내지리는 종전의 방식을 이어간 반면 특히 세계지리의 구성이 대폭 조정되었으며, 내용면에서는 당시의 지리교육목적인 '대륙전진기지로서의 조선의 지위와 사명을 자각시키는 것'에 중점을 둔 기술방식으로의 전환이 특징적이다.

<중일전쟁>이 갈수록 확장되고, 유럽에서는 독일의 인근국가 침략으로 시작된 동구권의 전쟁에 영국과 프랑스가 개입하면서 <2차 세계대전>으로 확대되어갈 조짐이 보이자 일제는 급변하는 세계정세의 흐름에 대처하기 위한 식민지교육 방안으로 교육체제 전면개편을 결정하고, 이를 <國民學校令>(1941)으로 공포하였다. 이에 따라 기존의 '小學校'를 전쟁에 참여할 국민양성을 목적한 '國民學校'로

개칭하였고, 교과목 체제도 합본적 성격의 「國民科」, 「理數科」, 「體鍊科」, 「藝能科」, 「實業科」 등 5개과로 전면 개편되었다. <修身>, <國語>, <國史>와 함께 <地理>과목이 속해 있는 「國民科」의 경우 "교육칙어의 취지를 받들어 皇國의 道를 수련(修練)하게 하고 國體에 대한 信念을 깊게 함"(국민학교령시행규칙 제1조)은 물론 "國體의 精華를 분명히 하여 國民精神을 함양하고, 皇國의 使命을 자각하게 하는 것"(동 규칙 제2조)을 요지로 하고 있으며, 이의 수업목표는 동 규칙 제3조에 다음과 같이 제시하였다.

> 國民科는 我國의 도덕, 언어, 역사, 국사, 국토, 國勢 등을 습득하도록 하며, 특히 國體의 淨化를 明白하게 하고 國民精神을 涵養하여 皇國의 使命을 自覺하도록 하여 忠君愛國의 志氣를 養成하는 것을 요지로 한다. 皇國에 태어난 것을 기쁘게 느끼고 敬神, 奉公의 眞意를 체득시키도록 할 것. 我國의 歷史, 國土가 우수한 국민성을 육성시키는 理致임을 알게 하고 我國文化의 特質을 明白하게 하여 그것의 創造와 發展에 힘쓰는 정신을 양성할 것. 타 교과와 서로 연결하여 정치, 경제, 국방, 해양 등에 관한 사항의 敎授에 유의 할 것."[1]

이 시기 개정 발간된 ⑥『初等地理』卷一・二(1943-43)는 교과서의 전면 개편과정 중에 소폭 개정한 임시방편의 교과서로, 종전의 방식을 유지하는 가운데 이러한 취지와 국세의 변화사항을 반영하고 있어 과도기적 교과서라 할 수 있다.

<태평양전쟁>이 고조되고 전세가 점점 불리하게 전개됨에 따라 모든 교육제도와 교육과정의 전시체제 강화를 절감하고 <4차 조선교

---

1) <國民學校規正> 제3조, 1941. 3. 31.

육령>을 공포하기에 이른다. 그 취지는 말할 것도 없이 '전시적응을 위한 국민연성(國民練成)'이었으며, 당시 총독 고이소 구니아키(小磯國昭)가 밝혔듯이 "國家의 決戰體制下에서 특히 徵兵制 及 義務敎育制度를 앞두고 劃期的인 刷新을 도모할 必要"[2]에 의한 것이었다.

조선아동의 전시적응을 위해 전면 개편된 ⑦『初等地理』五·六學年用(1944)의 획기적인 변화로 꼽을 수 있는 것은 첫째, 구성면에서 지리구를 도쿄(東京)를 출발하는 간선철도에 따른 대(帶) 즉, 존(Zone)으로 구분한 점. 둘째, 내용기술면에서는 각각의 지역성과 지방색에 따른 테마를 항목으로 선정하여 기술한 점. 셋째, 표기와 표현 면에서는 대화와 동작을 유도하는 기술방식을 취한 점 등을 들 수 있겠다.

학습해야 할 분량과 가격의 변화도 간과할 수 없다. 먼저 분량을 살펴보면, 1932~33년『初等地理書』가 324면(卷一134/卷二190)이었던 것이 1937년『初等地理』는 339면(143/196)으로, 1940년『初等地理』에 이르면 377면(158/219)으로 <3차 교육령>이 반영된 교과서까지는 개정 때마다 증가추세를 보여주고 있다. 이는 급변하는 세계정세에 따른 필수적 사항을 추가 반영하였던 까닭이다. 그러나 일정한 시수에 비해 갈수록 증가하는 학습 분량은 교사나 아동에게 상당한 부담이 되어 오히려 식민지 교육정책을 역행하는 결과를 초래하기까지 하였다. 더욱이 <國民學校令>(1941) 이후 시간당 수업시한이 40분으로 감축[3]된데다, 그나마 전시총동원 체제에 따른 물자부족이나 5, 6

---

2) 朝鮮總督府(1943)「官報」제4852호(1943.4.7)
3) <소학교령>시기까지 초등학교의 시간당 수업시한은 45분이었는데, <國民學校令>시기에 이르러 40분으로 단축되었다. <地理>과목이 5, 6학년과정에 주당 2시간씩 배정되었음을 반영한다면, 주당 10분, 월 40~45분이 감소하며, 1년간 총 수업일수를 40주로 본다면 연간 400분(약 10시간정도)이 감소한 셈이다.

학년 아동의 학습 외의 필수적 활동 등을 고려하여 학습 분량을 대폭 축소하지 않으면 안 될 상황이 되었다. 1942~43년 발간『初等地理』가 303면(151/152)으로 급격히 줄어든 까닭이 여기에 있다 하겠다.

교과서의 가격은 시기에 따라 소폭의 상승세로 나아가다가 1944년 발간된『初等地理』五·六學年用에서 교과서 분량에 비해 대폭 인상된 면을 드러낸다. 이는 태평양전쟁 막바지로 갈수록 심화되는 물자부족에 가장 큰 원인이 있었을 것으로 보인다.

이어서 주당 교수시수를 살펴보자.

<표 3> 각 교육령 시기별 주당 교수시수

시기 과목／학년	제2차 조선교육령		제3차 조선교육령		<국민학교령> 과 제4차 조선교육령			비 고
	5학년	6학년	5학년	6학년	4학년	5학년	6학년	
地理	**2**	**2**	**2**	**2**	**1**	**2**	**2**	
歷史	2	2	2	2	1	2	2	

앞서 언급하였듯이 식민지초등교육과정에서 <地理>과목은 <歷史>과와 더불어 1920년대 이후 공히 2시간씩 배정 시행되었다. 여기서 <4차 교육령>시기 4학년 과정에 별도의 교과서도 없이 <地理>, <歷史> 공히 수업시수가 1시간씩 배정되어 있음을 주목할 필요가 있을 것이다. 이는 당시 조선총독 고이소 구니아키의 교육령 개정의 중점이 "人才의 國家的 急需에 응하기 위한 受業年限 단축"[4]에 있었기 때문일 것이다. 그것이 <교육에 관한 전시비상조치령>(1943) 이후 각종 요강 및 규칙[5]을 연달아 발포하여 초등학생의 결전태세를

---

4) 朝鮮總督府(1943)「官報」제4852호(1943.4.7)
5) <전시학도 체육훈련 실시요강>(1943.4), <학도전시동원체제확립요강>(1943.6), <해군특별지원병령>(1943.7), <교육에 관한 전시비상조치방책>(1943.10), <학

강화하는 조치로 이어졌으며, 마침내 학교수업을 1년간 정지시키고 학도대에 편입시키기는 등의 현상으로도 나타났다. 4학년 과정에 <地理>과의 수업시수를 배정하여 필수적 사항만을 습득하게 한 것은 이러한 까닭으로 여겨진다.

3. 본서의 편제 및 특징

일제강점기 조선아동을 위한 <地理>교과목은 1920년대 초 학제 개편 이후부터 개설된 이래, <地理>교육을 위한 교과서는 앞서 <표 2>에서 살핀 바와 같이 시세에 따른 교육법령과 이의 시행규칙에 따라 '부분개정' 혹은 '전면개편'되었다. 앞의 <표 2>에 제시된 일제강 점기 조선총독부 편찬 <地理>교과서 중 ③『初等地理書』卷一·二 (1932~33, 2권), ⑤『初等地理』卷一·二(1940~41, 2권), ⑦『初等地理』第五·六學年(1944) 6冊에 대한 원문서 구축의 필연성이 요구되었다. 이는 여러 교과서중 가장 변화의 폭이 컸다는 점도 있었지만, 그보다는 ③은 조선아동의 본격적인 <地理>교육을 위한 처음 교과서로서 의미가 컸으며, ⑤는 중일전쟁기에 발호된 <3차 교육령>의 강력한 황민화정책이 그대로 반영되었기 때문이다. 그리고 ⑦은 태평양전쟁기에 발포된 <국민학교령>과 <4차교육령>에 의하여 전격 개편된 교과서였다는 점이 부각되었던 까닭이다.

도군사교육요강 및 학도동원 비상조치요강>(1944.3), <학도동원체제정비에 관한 훈령>(1944.4), <학도동원본부규정>(1944.4), <학도근로령>(1944.8), <학도 근로령시행규칙>(1944.10), <긴급학도근로동원방책요강>(1945.1), <학도군사 교육강화요강>(1945.2), <결전비상조치요강에 근거한 학도동원실시요강> (1945.3), <결전교육조치요강>(1945.3) 등

<표 4> 조선총독부 편찬 『初等學校 地理』의 편제

No	교과서명	권(학년)	간행	출판서명
③	初等地理書	卷一 (5학년용)	1932	조선총독부 편찬 初等學校『地理』교과서(上)
		卷二 (6학년용)	1933	
⑤	初等地理	卷一 (5학년용)	1940	조선총독부 편찬 初等學校『地理』교과서(中)
		卷二 (6학년용)	1941	
⑦	初等地理	第五學年 (1944)	1944	조선총독부 편찬 初等學校『地理』교과서(下)
		第六學年 (1944)	1944	

끝으로 본서 발간의 의미와 특징을 간략하게 정리해 본다.

(1) 본서의 발간은 그동안 한국근대사 및 한국근대교육사에서 배제되어 온 일제강점기 초등학교 교과서 복원작업의 일환에서 진행된 또 하나의 성과이다.

(2) 일제강점기 식민지 아동용 <地理>교과서를 일일이 찾아내고 가장 큰 변화의 선상에 있는 <地理>교과서의 원문을 복원함으로써 일제에 의한 한국 <地理>교육의 실상을 누구나 쉽게 찾아볼 수 있게 하였다.

(3) 본서는 <地理>교과서의 특성상 삽화, 그래프, 사진 등등 각종 이미지자료의 복원에도 심혈을 기울였다. 오래되어 구분이 어려운 수많은 이미지자료를 세심히 관찰하여 최대한 알아보기 쉽게 복원하였을 뿐만 아니라, 세로쓰기인 원문을 좌로 90°로 회전한 가로쓰기 편제이므로 원문내용을 고려하여 최대한 삽화의 배치에도 심혈을 기울였다.

(4) 본서는 일제강점기 식민지 <地理>교과서의 흐름과 변용 과정을 파악함으로써, 일제에 의해 기획되고 추진되었던 근대 한국 공교육의 실태와 지배국 중심적 논리에 대한 실증적인 자료로

제시할 수 있다.

(5) 본서는 <地理>교과서에 수록된 내용을 통하여 한국 근대초기 교육의 실상은 물론, 단절과 왜곡을 거듭하였던 한국근대사의 일부를 재정립할 수 있는 계기를 마련하였고, 관련연구에 대한 이정표를 제시함으로써 다각적인 학제적 접근을 용이하게 하였다.

(6) 본서는 그간 한국사회가 지녀왔던 문화적 한계의 극복과, 나아가 한국학 연구의 지평을 넓히는데 일조할 것이며, 일제강점기 한국 초등교육의 거세된 정체성을 재건하는데 기여할 수 있을 것이다.

본서는 개화기 통감부기 일제강점기로 이어지는 한국역사의 흐름 속에서 한국 근대교육의 실체는 물론이려니와, 일제에 의해 왜곡된 갖가지 논리에 대응하는 실증적인 자료를 제공함으로써 일제강점기 왜곡된 교육의 실체를 파악할 수 있으며, 또한 관련연구자들에게는 연구의 기반을 구축하였다고 자부하는 바이다.

이로써 그간 단절과 왜곡을 거듭하였던 한국근대사의 일부를 복원·재정립할 수 있는 논증적 자료로서의 가치창출과, 일제에 의해 강제된 근대 한국 초등학교 <地理>교육에 대한 실상을 재조명할 수 있음은 물론, 한국학의 지평을 확장하는데 크게 기여할 수 있으리라고 본다.

2017년 2월

전남대학교 일어일문학과 김순전

≪朝鮮總督府編纂『初等地理書』(1932~1933) 編書 凡例≫

1. 卷一은 5학년용, 卷二는 6학년용으로 한다.

2. 원본의 세로쓰기를 편의상 좌로 90도 회전하여 가로쓰기로 한다.

3. 원본의 상란은 좌란으로 한다.

4. 원본의 반복첨자 기호는 가로쓰기인 관계로 반복표기 한다.

5. 한자의 독음은 (   )안에 가나로 표기한다.

6. 삽화는 최대한 교과서 체제에 맞추었으나 편집상 약간의 크기

   변화가 있다.

7. 삽화제목은 가로쓰기에 맞추어 좌측읽기로 바꾸었다.

朝鮮總督府編纂 (1932)

『初等地理書』

(卷一)

初等地理書 卷一

朝鮮總督府

目錄

『初等地理書』 巻一

第一 我が國

我が國の領土

　我が國はアジヤ洲の東部にあつて、日本列島(れつたう)と朝鮮半島から成立つてゐる。そのほかに支那から借りた關東(くわんとう)州と列國から預つた南洋(なんやう)諸島がある。

　日本列島は、大小あまたの島々が數個の弓形(きゆうけい)をなして北東から南西へ連なつてゐる列島で、長さ凡そ五千キロメートルある。内側(うちがは)にはオホーツク海・日本海・黄(くわう)海・東支那海等があつて、これらの海をへだててアジヤ大陸がある。外側(そとがは)は太平洋に面し遠く北アメリカ大陸と相對してゐる。

　千島(ちしま)列島の北端は我が國最北の地で、千島海峽(かいけふ)によつてロシヤ領カムチャッカ半島と相對してゐる。また臺灣(たいわん)島の南にはバシー海峽があつて、その南にアメリカ合衆國領のフィリピン群島がある。

　朝鮮半島はアジヤ大陸の東部に

面積の比較

面積	あつて、鴨緑江(あふりよくかう)・豆滿(とまん)江等によつて大陸と境してゐる。 　我が國の總面積(そうめんせき)は凡そ六十七萬平方キロメートルで、本州・朝鮮・北海道(ほくかいだう)本島・九州(きうしう)・樺太(からふと)(南部)・臺灣・四國(しこく)等がその主な部分である。本州と朝鮮とは最も大きく、各各我が國の總面積の凡そ三分の一に當つてゐる。
國民	國民の總數は凡そ九千萬である。
區分	行政(ぎやうせい)上、本州・四國・九州を三府四十三縣(けん)に分け、府には府廳(ちやう)、縣には縣廳を置いてある。また北海道には北海道廳、樺太には樺太廳、朝鮮・臺灣には總督(そうとく)府、關東州には關東廳、南洋には南洋廳を置いてある。 　今便宜のために、全國を朝鮮・樺太・北海道・奧羽(あうう)・關東・中部(ちゆうぶ)・近畿(きんき)・中國(ちゆうごく)及び四國・九州・臺灣・關東州・南洋の十二地方に分ける。

第二　朝鮮地方

一　位置・面積及び住民・區分

朝鮮地方は、日本海と黄海との間に北から南に向かつてつき出た半島で、長さ八百餘キロメートル、北は鴨緑江・豆満江及び白頭(はくとう)山で満洲とシベリヤに境し、南は朝鮮海峡をへだてて九州地方と相對してゐる。その面積は二十二萬餘平方キロメートルで、我が國の總面積の凡そ三分の一に當り、住民(ぢゆうみん)の總數は二千萬を超えてゐ

朝鮮地方の地形の略圖と斷面圖

る。行政上十三道に分けてあるが、地理上からは北部朝鮮・中部朝鮮・南部朝鮮の三地方に分け、また表(おもて)朝鮮・裏(うら)朝鮮の二地方にも分けることができる。

二 地方誌

一 北部朝鮮

(一) 區域

北部朝鮮とは咸鏡(かんきやう)北道・咸鏡南道・平安(へいあん)北道・平安南道の四道をいふ。また東部の二道を北鮮、西部の二道を西鮮といふこともある。

白頭山頂の湖

(二) 地形

一般に山地が多く、中央は廣い高原になつてゐる。長白(ちやうはく)山脈は國境の近くに橫たはつて、その中に聳える白頭山は高さ二千七百四十三メートル、頂上に湖がある。鴨綠江・豆滿江は源をこの山地から發して、

東西に分れてゐる。鴨緑江は我が國第一の長流で、長さ凡そ八百キロメートルある。中央の高原から日本海の方へは急に傾いてゐて、平野に乏しいが、黄海の方へはゆるやかに傾き、そこを大同江が流れてゐて、その流域に平壤平野が開けてゐる。

日本海沿岸は出入が少く、海は急に深い。黄海沿岸は出入が多く、海が淺くて干潟(ひがた)が廣い。たゞ大同江の川口は深くて喇叭(らつぱ)形になつてゐる。

(三) 氣候

最も北部に位して大陸に近いため、寒暑の差が甚だしく、冬は寒さの時期が長い。中央部は一般に雨量が少い。

(四) 産業

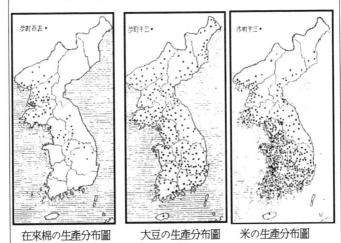

| 在來棉の生産分布圖 | 大豆の生産分布圖 | 米の生産分布圖 |

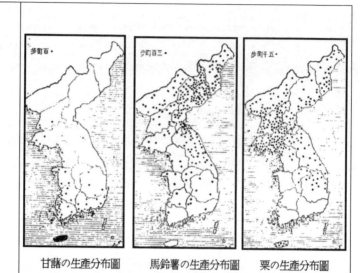

甘藷の生産分布圖　　馬鈴薯の生産分布圖　　粟の生産分布圖

農業　　米作も行はれるが田作(でんさく)が主で、粟・大豆・とうもろこし等を産する。また北鮮には馬鈴薯(ばれいしよ)・燕麥(えんばく)、西鮮には在來棉(ざいらいめん)が多く、平壤附近には甜菜(てんさい)が栽培(さいばい)されてゐる。平安南北道及び咸鏡南道には牛の飼養(しやう)が盛で、養蠶(やうさん)も行はれる。

林業・鑛業　　國境附近の山地にはべにまつ・さあすん・からまつ等寒い氣候に適する樹木の大森林がある。惠山鎭(けいざんちん)・中江鎭(ちゆうかうちん)等の營林署(えいりんしよ)に於て之を伐採し、筏(いかだ)に組んで鴨綠江を流し、新義州(しんぎしう)で製材する。鑛產(くわうさん)物は雲山(うんざん)の金、平壤附近及び北鮮の石炭等いづれも有名である。

鴨緑江の森林と流筏

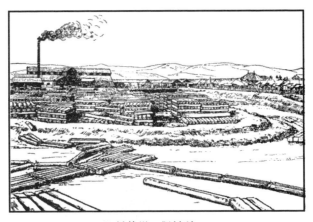

新義州の製材所

水産業　　水産物は日本海沿岸のめんたいが最も多く、新浦(しん
ぽ)はその中心地である。近時いわしの漁獲(ぎよくわく)
も増加し、魚油の製造が盛になつた。廣梁灣(くわうりや
うわん)は天日製鹽(てんぴせいえん)で名高い。

干めんたいの製造

| 工業 | 工業には各地に麻織物と絹織物を産する。また平壤はその附近に石炭を多く産するため、諸種の工業がおこつてきた。近時赴戰江(ふせんかう)に水力發電所が設けられ、興南(こうなん)では肥料が製造される。 |

廣梁灣の鹽田

赴戰江の水力發電所

(五) 交通

陸上の交通　鐵道は京義線が新義州
から平壤を經て京城に

鴨綠江の開閉橋

通じ、また鴨綠江の大鐵橋によつて滿洲の安奉(あんぽ

	う)線と連絡(れんらく)してゐる。咸鏡・京元兩線は國境の會寧(くわいねい)から元山(げんざん)を經て京城に通じてゐる。鴨綠江の鐵橋は長さ凡そ一キロメートル、その中程の部分はたやすく廻轉(くわいてん)ができるやうになつてゐて、大きな船でもこゝを通つて、川を自由に上下することができる。これが名高い鴨綠江の開閉橋である。 　自動車も各地を連絡してゐるが、山地は交通が甚だ不便である。
水上の交通	海上には沿岸航路のほか、清津(せいしん)・元山兩港からは敦賀(つるが)・ウラヂボストック等に、また鎭南浦(ちんなんぽ)からは大連に至る航路がある。鴨綠江・大同江は舟の便があるが、豆滿江はその便が少い。  元山港 （六）商業 國境貿易は、東は會寧・慶興(けいこう)で、西は新義

州で行はれ、海上貿易は、東は元山・淸津・城津(じやうしん)で、西は鎭南浦・龍岩浦(りゅうがんぽ)の諸港で行はれる。

(七) 住民・都邑

北鮮

元山は裏朝鮮第一の都會で、永興(えいこう)灣にのぞみ、水陸交通の便がよく、貿易が盛である。また海水浴場として京城の人々にもよく利用されてゐる。淸津は不凍(ふとう)港で北滿洲へ、城津は高原地方へ、雄基(ゆうき)は豆滿江下流への入口としてそれぞれ發達してゐる。羅南(らなん)には咸鏡北道廳、咸興(かんこう)には咸鏡南道廳があつて、共に地方の行政の中心地である。また羅南には第十九師團司令部があるので、北鮮の國境防備の中心となつてゐる。會寧は豆滿江にのぞみ、間島(かんたう)に面する國境の要地、鏡城(きやうじやう)は生牛市場、端川(たんせん)は大豆の集散(しふさん)地、永興・北靑(ほくせい)は地方の都邑である。

平壤の牡丹臺と大同江

西鮮

平壤は北部朝鮮第一の都會で人口凡そ十四萬、大同江に臨(のぞ)み、鐵道の便もよく、京城・大連(だいれん)間の航空路の着陸場がある。平安南道廳・平壤覆審(ふくしん)法院をはじめ諸官衙(くわんが)・學校等があり、政治・經濟・軍事・交通上の重要地である。こゝは高句麗(かうくり)の舊都で、日淸戰役の有名な戰跡地である。鎭南浦は平壤の門戶として發達したところである。

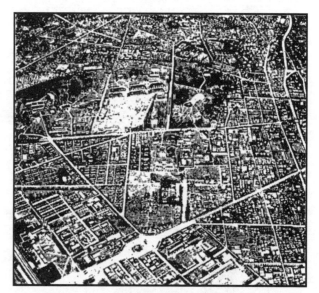

平壤の市街

新義州は鴨綠江の下流にあつて水陸交通の要地に當り、製材所・パルプ工場があり、また平安北道廳がある。義州は國境の名邑である。

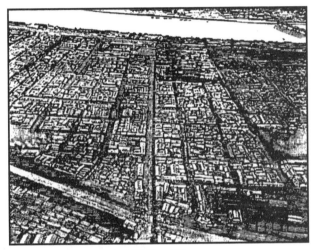

新義州の市街

二 中部朝鮮

(一) 區域

中部朝鮮とは江原(かうげん)道・黄海(くわうかい)道・京畿(けいき)道の三道をいふ。

(二) 地形

太白(たいはく)山脈が東にかたよつて南北に走り、日本海方面と黄海方面との分水嶺(ぶんすゐれい)をなし、東は急に傾いて山地が海にせまつてゐるので、平野は極めて少いが、西は漢江(かんかう)がゆるやかに流れてゐて、その流域に沿(そ)うて平野が處處にある。

太白山脈中には太白山や金剛(こんがう)山がある。金剛山には萬物相(ばんぶつさう)・九龍淵(きうりゆうゑん)等の勝景(しようけい)や溫井里(をんせいり)の溫泉があるので遊覽(いうらん)地として有名である。

萬物相

九龍淵

漢江は源を太白山脈に發して、北漢江を合はせ、下流で臨津(りんしん)・禮成(れいせい)の二江をいれて江華(かうくわ)灣に注いでゐる。

東海岸は出入が極めて少く、海は急に深い。西海岸

は灣や島が多く、海は淺く、潮の干滿（かんまん）の差が
凡そ九メートルもあつて、廣い干潟ができる。

（三）氣候

北部朝鮮にくら
べると溫和である
が、寒暑の差がや
や著しく、冬は漢
江も凍（こほ）る。雨
量は東海岸を除い
ては一般に少い。

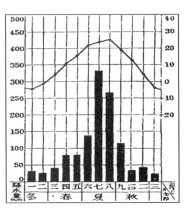

京城の氣候圖

（四）産業

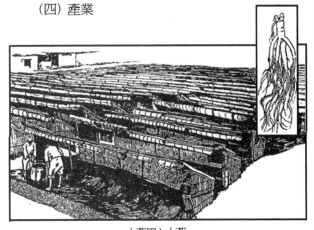

人蔘田と人蔘

農業・牧畜業	米は京畿道に、小麥は黄海道に、大豆は京畿・黄海二道に、煙草は京畿・江原二道に多く產する。人蔘の栽培は開城(かいじやう)附近が最も盛で、開城に官營の紅蔘(こうさん)製造所がある。近年は繭(まゆ)の產出も多い。また牛の飼養も盛で永登浦(えいとうほ)に大きな皮革(ひかく)工場がある。
鑛業	西北部の遂安(すゐあん)は金、安岳(あんがく)・載寧(さいねい)・殷栗(いんりつ)は鐵を產する。大同江に沿うてゐる兼二浦(けんじほ)には製鐵所があるが、鐵鑛は多く內地の八幡(やはた)製鐵所に送られる。
水產業	日本海岸の長箭沖(ちやんぜんおき)では鯨がとれ、黄海はぐちの好漁場(かうぎよぢやう)である。また黄海沿岸には朱安(しゆあん)等で天日製鹽が行はれてゐる。
	(五) 交通
陸上の交通	東方の山地は交通が不便であるが、鐵道に沿うてゐる西部地方は交通が便利である。京城は朝鮮交通の大中心地で、京元・京義・京釜の三大幹線はこゝから發し、また自動車の便も少くない。
水上の交通	漢江は水運の便利が多く、春川(しゆんせん)まで舟が通ずる。日本海沿岸は交通がまだ開けてゐないが、黄海沿岸は仁川を中心として內外の諸港と航路が通じてゐる。
	(六) 住民・都邑
	黄海方面の平野は農業も盛で、交通も便利であるから、

大きな都邑が多い。京城は政治・經濟・學術・軍事・交通の中心地で、人口凡そ四十萬、朝鮮第一の都會である。朝鮮神宮・朝鮮總督府をはじめ朝鮮軍司令部・高等法院・京畿道廳・京城帝國大學等の官衙や學校がある。また商工業も年をおうて盛である。附近の汝矣(じよい)島は飛行機の發着地として知られてゐる。

京城の市街

仁 川 港

仁川は朝鮮第二の開港場で京城の門戸である。港内は水が淺く、潮の干滿の差が甚だしいので、閘門(かふもん)を設けて船の出入が出來るやうにしてある。開城は高麗(かうらい)の舊都で、行商人が多く、人蔘の取引の中心地である。水原(すゐげん)には農事試驗場及び高等農林學校がある。春川は江原道廳、海州(かいしう)は黃海道廳の所在地であり、鐵原(てつげん)・沙里院(しやりゐん)は地方の都邑である。

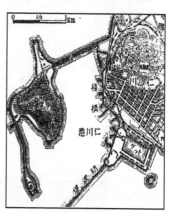

仁川港の圖

三　南部朝鮮

(一)　區域

南部朝鮮とは忠淸(ちゆうせい)北道・忠淸南道・全羅(ぜんら)北道・全羅南道・慶尙(けいしやう)北道・慶尙南道をいふ。

(二)　地形

東部は山地が多く、西部・南部は傾斜がゆるやかで、大河が多く平野に富んでゐる。太白山脈は東部を南北に走り、これより分れた小白山脈は蘆嶺(ろれい)・車嶺

(しやれい)の二山脈と平行して南西に走つてゐる。洛東(らくとう)江・蟾津(せんしん)江は朝鮮海峡に、錦(きん)江・榮山(えいざん)江は黄海に注いでゐる。

西部及び南部の海岸は出入が甚だしく、鎮海(ちんかい)灣・釜山(ふざん)灣等がある。また島も多いので、多島(たたう)海と呼ばれてゐる所もある。濟州(さいしう)島は朝鮮地方第一の大島で、中央に高い漢挐(かんな)山がある。日本海岸は迎日(げいにち)灣のほか出入が極めて少い。東方の海上に鬱陵(うつりよう)島がある。

(三) 氣候

中部朝鮮に比べると著しく溫和で、雨量も多い。ことに南部の海岸地方は暖流(だんりう)の影響(えいきやう)で甚だ暖かい。

(四) 産業

群山港の米の移出

農業・牧
畜業

農業は平地が多いのと氣候が溫暖なため、北部朝鮮・中部朝鮮に比べると大いに發達してゐる。

木浦の棉花市場

西部の地方は米・麥の產額が多い。ことに近年は水利事業を興して灌漑（くわんがい）をよくし、また西海岸の干潟を畓になほして米の產額の增加をはかつてゐる。米は主として群山（ぐんざん）から內地へ移出せられる。榮山江の流域は陸地棉を栽培し木浦（もつぽ）から內地へ移出する。洛東江の流域は米のほか麥

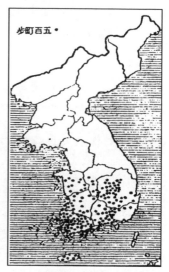

歩町百五・

陸地棉の生產分布圖

を産し、甘藷(かんしよ)も栽培せられる。また慶尚北道は
繭の産額が朝鮮地方第一であり、牛の飼養も盛である。

水産業

　朝鮮海峡及びその附近は暖流・寒流が流れてゐるの
で、いわし・にしん・さば・たひ等の魚類に富み、漁業
が盛で、慶尚南道は漁獲高が朝鮮地方の総産額の三分の
一を占め、釜山はその集散地である。全羅南道は之に次
いで多い。また南部の沿岸にはのりの養殖が行はれてゐ
る。

上圖は釜山港の桟橋に於ける船車の連絡　　下圖は釜山港の大觀

(五) 交通

陸上の交通

　鐵道の幹線である京釜線は京城から秋風(しうふう)嶺を
越え、大邱(たいきう)を經て釜山に達し、關釜(くわんぷ)
連絡船によつて山陽(さんやう)線と連絡してゐる。湖南
(こなん)線は大田(たいでん)から分れ、西部地方をつらぬ
いて木浦に達してゐる。

水上の交通	洛東江・錦江等は川口が喇叭形になつてゐて、船がさかのぼれる。日本海沿岸には良港はないが、黄海及び朝鮮海峽の沿岸には良港が多く、釜山・麗水(れいすゐ)・木浦・群山等は近海航路の中心地である。釜山は內地との交通が極めてひんぱんである。 　　　　（六）住民・都邑  木浦の市街と港
西部	西部平野は、地形・氣候共に産業の發達に適し、水陸の交通も便利であるから、人口の密度が朝鮮に於て最も大である。したがつて到る所に大小の都邑がある。錦江の上流には淸州(せいしう)と大田とがあり、淸州は忠淸北道廳の所在地、大田は湖南線が出來てから發達した都邑で忠淸南道廳の所在地である。また中流には公州(こうしう)・扶餘(ふよ)・江景(かうけい)があり、公州と扶餘は共に百濟(くだら)の舊都、江景は有名な市場のある所であ

る。忠州(ちゆうしう)は漢江の上流の要地である。全羅北道には大きな平野があり、その中にある全州(ぜんしう)は道廳の所在地、裡里(りり)は交通の要地である。群山は錦江の江口にあつてこの流域や全羅北道の平野の門戸となつてゐる。榮山江の上流の光州(くわうしう)は全羅南道廳の所在地で、江口の木浦はこの流域の門戸である。

大邱の大市

洛東江の流域	大邱は洛東江の中流にある盆地(ぼんち)の中心地である。人口凡そ九萬、慶尚北道廳・大邱覆審法院等があり、農産物の集散が多く、その大市(おほいち)は名高い。大邱の北西にある金泉(きんせん)は秋風嶺の麓の要地で穀類の集散地である。
東海岸	東海岸地方は平地に乏しいが、海岸に浦項(ほかう)と蔚山(うるさん)があり、その附近に慶州(けいしう)がある。蔚山には飛行機の發着場があり、長生浦(ちやうせいほ)は

南海岸	捕鯨(ほげい)の根據地(こんきよち)である。慶州は新羅(しらぎ)の舊都で瞻星臺(せんせいだい)・佛國寺(ぶつこくじ)等の遺跡が多い。 　南海岸地方はよく開けてゐて、釜山・馬山(ばざん)・鎭海・晋州(しんしう)・麗水等がある。釜山は人口凡そ十五萬、慶尚南道廳の所在地で、內地との交通の要所に當り、貿易の盛なことは朝鮮地方第一で、米・大豆・海產物・繭等を移出し、綿布・麥粉・石油・諸雜貨(ざつくわ)等を移入する。附近の東萊(とうらい)は溫泉で有名である。鎭海は海軍要港で、馬山・晋州・麗水は地方の都邑である。また統營(とうえい)・三千浦(さんぜんぽ)は漁港である。
	## 三　總說 ### 一　地形
北部	朝鮮地方は山地が多く、平地は總面積の二割餘に過ぎない。ことに北部は南部よりも山地が多く、大部分は高原で、北に行くに從つて次第に高い。國境には長白山脈が東西に連なつてゐて、その主峰の白頭山は鴨綠江・豆滿江及び滿洲の松花(しようくわ)江の分水嶺になつてゐる。
中部及び南部	太白山脈は日本海方面と黃海方面との分水嶺で、小白山脈は黃海方面と朝鮮海峽方面との分水嶺となつてゐる。太白山脈が東にかたよつてゐるため、日本海方面は傾斜が急で、大きな川も平地もない。しかし黃海方面と朝鮮海峽方面は傾斜がゆるやかで、長流はこの方面に多く、河川に沿うて處々に平野がある。

海岸	日本海方面の海岸は出入に乏しく島も少いが、黄海方面と朝鮮海峽方面の海岸は出入が甚だ多くて、良港灣に富み島も多い。また東海岸は潮の干滿の差が少いが、西海岸は海が淺く干潟が廣く、潮の干滿の差も甚だしい。

二 氣候

寒暑の差が大で、冬季は寒さがはげしく、中部以北の河川は水面が氷結して車馬を通ずることができる。しかし俗に三寒四溫といつて、寒暖が交る交る來るので割合にしのぎ易い。

雨は夏季に多い。雪は日本海方面のほかは一般に少く、霧は毎年春・夏の頃南方の海上に多く發生する。

三 産業

農業・牧畜業	朝鮮地方は一般に雨量が少い上に、樹木の保護が行屆かなかつたから、森林が少く、山地の大部分は荒れはててゐる。また平地も灌漑の便が乏しく、原野が多くて、耕地が割合に少い。しかしそれに

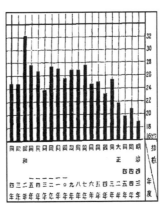

米の産額増減表

もかゝはらず、農業は昔から朝鮮第一の産業となつてゐて、住民の大部分は農業者である。近年水源の涵養(かんやう)や灌漑の工事が進み、耕地が著しく廣まつたので、農産物が大いに増加して來た。農産物の主なものは米・大豆・麥・粟・棉・人蔘で、米の年産額は凡そ二百七十萬キロリットルである。また繭の産額も年々増加し、牛の飼養も盛で、その頭數は內地よりも多く、各地に牛市が開かれ、牛皮の産額も少くない。

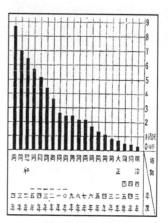

棉の産額増減表

林業　林業は北部によく行はれてゐるが、南部には森林が少い。

總督府は各地に營林署を置いて植林を奨勵(しやうれい)してゐる。

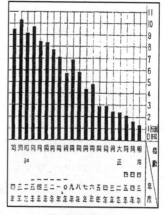

繭の産額増減表

| 鑛業 | 鑛産物は北部に多く南部は最も少い。その主なものは金で、平安北道に多く、これに次ぐのは鐵で、黄海道から産する。石炭の産額も多い。 |

			茨城縣	その他	平安北道	鹿兒島縣	大分縣
その他の地方	台灣漁方	北海道地方	關東地方	朝鮮地方		九州地方	

我が國の金の産額の比較
總産額約一萬五千瓩(昭和三年)

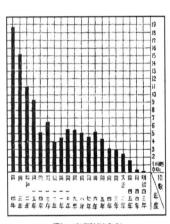

鹽の産額増減表

水産業　農業に次ぐ主な産業は水産業で、漁業は半島沿岸一帯によく行はれ、ことに南海岸が最も盛である。漁獲高の多いのはいわし・さば・めんたい・ぐち・たら・にしん・たひ・くぢら等である。鹽は次第にその製造高を増して來た。

工業　工業は未だ著しいものが無く、家内工業が主であつたが、總督府の奨勵によつて次第に各地工場工業がおこらうとしてゐる。

<table>
<tr><td></td><td colspan="2">

四 交通

</td></tr>
</table>

陸上の交通	昔は交通が極めて不便であつたが、近年著しく改善(かいぜん)せられた。主要な道路は京城から各道廳所在地、その他重要な都邑に通じ、自動車の通つてゐるところも少くない。鐵道は京釜・京義の二線が半島を縱(たて)に貫(つらぬ)く最も重要な幹線で、湖南線は湖南地方を、京元・咸鏡の二線は北鮮地方を貫いて表朝鮮及び裏朝鮮の各地と京城とを連絡してゐる。釜山・新義州間は凡そ九百五十キロメートル、僅(わづか)に二十時間で達することができる。また満洲との鐵道連絡も新義州のほか會寧方面からも開かれようとしてゐる。
水上の交通	朝鮮の近海は春・夏の季節には霧が深く、冬季は風波が荒いので、海上の交通は困難なこともあるが、釜山・木浦・群山・仁川・鎭南浦・元山・淸津の諸港は四時共に船の出入が容易である。
通信	郵便・電信・電話は京城を中心として各地に通じてゐる。

五 商業

商業は未だ充分に發達してゐないので、市場を開いて取引してゐる所が多い。

貿易は主として米・大豆・棉・牛皮・繭・鑛産物・水産物等を輸

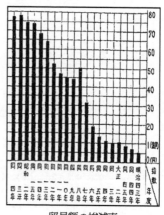

貿易額の増減表

移出し、綿織物・綿絲・諸機械・肥料・雜貨等を輸移入する。輸移入額は輸移出額よりも多い。貿易額は釜山が最も多く、仁川がこれに次いでゐる。

六 教育

教育は近年著しく普及發達して來た。京城には京城帝國大學をはじめ各種の學校や博物館・圖書館等が備り地方にもまた各種の學校が次第に増加してゐる。

七 政治

朝鮮總督府は京城にあつて、官房(くわんばう)のほか内務(ないむ)・財務(ざいむ)・殖産(しよくさん)・法務(はふむ)・學務(がくむ)・警務(けいむ)の六局及び山林・土地改良(かいりやう)の二部に分れ、所屬(ぞく)官署(しよ)に鐵道局・遞信(ていしん)局・專賣(せんばい)局等がある。各道には道廳があり、その下に府廳・郡廳・島廳がある。裁判所は高等法院・覆審法院・地方法院に分れてゐる。

第三　樺太地方

我が國とロシヤの國境及び境界標

一　位置・區域

樺太地方とは樺太島の南半部をいふ。我が國の最北部に位し、北は北緯五十度の線を以てロシヤ領の樺太と境し、南は北海道本島との間に宗谷(そうや)海峽をはさみ、西は間宮(まみや)海峽を隔(へだ)ててシベリヤと相對してゐる。

樺太地方の地形の
略圖と斷面圖

二　地形

　地形は南北に細長く、西部には樺太山脈が北から南へ縦(たて)に走り、東部には北にも南にも小山脈がある。平野はその間にはさまつてゐて、南部の平野には鈴谷(すゞや)川が流れ、北部の平野にはロシヤ領樺太から流れて來る幌内(ほろない)川がある。幌内平野は此の地方で最も大きな平野であるが、大部分は濕地(しつち)や地下の凍つた土地である。

　海岸線は出入が少く、弓形をなす所が多い。

幌内平野の濕地

三　氣候・生物

　緯度が高いので氣溫が低い。冬は寒さがきびしく、海面も凍る所が多い。西海岸に凍らない所のあるのは暖流が岸に沿うて流れてゐるからである。

　動物や植物には寒帯性のものが多い。山地にはとどまつ・えぞまつ・からまつ等の密林があつて、その中には狐がすんでゐる。海豹(かいへう)島には夏から秋にかけておつとせいがたくさん集るので、その繁殖(はんしよく)を保護してゐる。

海豹島のおつとせい

四　產業・交通

農業・林
業・鑛業・
水產業

　南部の平野には農業が行はれてゐるが、氣溫が低いた
めにあまり發達してゐない。山地からはたくさんの木材
を出し、また石炭を產し、毛皮もとれる。近海ではます
をはじめさけ・にしん・かに等が盛にとれる。水產業は
この地方の重要な產業で、漁期には他の地方から來て漁
業に從事する者が多い。

棒だらの乾場

工業	工業は一般に盛でないが、パルプ製造業及び製紙業が各地に極めて盛で、この地方第一の産業であるのは木材が豊富なためである。
陸上の交通	交通はまだよく開けてゐないが、大泊(おほとまり)・豊原(とよはら)・眞岡(まをか)等を連絡する鐵道は開通してゐる。

豊原のパルプ工場

碎氷船と氷上の荷役

水上の交通	海上の交通は結氷・霧などのためにさまたげられることが多いが、大泊は北海道の稚內(わつかない)との間に鐵道連絡船が往來し、冬季には碎氷(さいひよう)船を用ひる。本斗(ほんと)は不凍港である。 　　五　住民・都邑 　人口は凡そ二十萬、その密度は至つて小さく、朝鮮の十五分の一にも達しない。住民の大部分は內地から移住したものである。 　樺太地方には都邑が少ない。豐原は政治上の中心で樺太廳があり、大泊は豐原の門戸で、眞岡は水產物の集散地である。知取(しるとる)は製紙業によつて發達した所である。

第四　北海道地方

一　位置・區域

北海道地方とは北海道本島とその附近の島々及び千島列島をいふ。樺太地方の南に位し、南は津輕(つがる)海峽を隔てて本州と相對する。

二　地形

北海道本島は南西部の細長い半島部を除くと、大體菱形(ひしがた)になつてゐる。

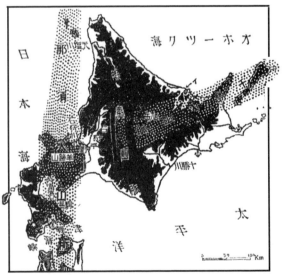

北海道本島の地形の略圖と斷面圖

半島部 海岸	菱形の部分は北から南に走る蝦夷(えぞ)山脈と、千島から連なる千島火山脈とが丁字形になつてゐて、この兩山脈の出合ふ所が最も高く、旭岳(あさひだけ)の火山をはじめ高い山山がある。川はこれらの山地から四方に流れ、石狩(いしかり)川・天鹽(てしほ)川・十勝(とかち)川等我が國屈指の大きな川がある。平野はこれらの河川の流域や海岸にあり、また盆地も處々にある。石狩平野・上川(かみかは)盆地・十勝平野はその著しいものである。 　半島部は山地で火山が多く、また湖が處々にある。 　海岸線は半島部では稍稍變化に富んでゐるが、他は出入に乏しい。 　三　氣候 　北海道は樺太や北部朝鮮と共に我が國での寒い地方で、氣溫は北部朝鮮と大體似てゐる。內陸の方は寒暑の差が甚だしく、冬は寒さがはげしいが、夏は割合に氣溫が高い。雨量は一般に北部朝鮮や樺太よりも多いが、我が國の他の地方に比べるとはるかに少い。 　四　產業 　產業はこの地方がおそく開けはじめたので、幼稚(えうち)であつたが、近時は大いに進步して來た。

森林を伐開いて開墾してゐる所

洋式の耕作法

農業　　　　本島の耕地は大てい大きく區劃(くくわく)されてゐて、トラクター等の機械をも使用してゐる。農業の盛な地方は石狩平野・上川盆地・十勝平野等で、夏の氣溫が割合に高いために米も產するが、一般には冷涼な氣候に適するものが主で、燕麥・豆類その他薄荷(はくか)・亞麻(あま)・馬鈴薯・苹果(りんご)・除蟲菊(ぢよちゆうぎく)・甜

菜等を多量に産する。主な集散地は札幌(さつぽろ)・小樽（をたる）・旭川(あさひがは)・帯廣(おびひろ)である。

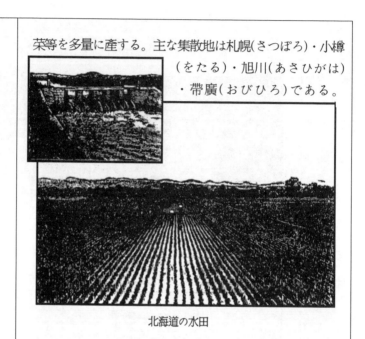

北海道の水田

米の生産分布圖(昭和三年度)

原野が多く雨が少ないために、馬の牧畜が盛で、馬市が各地に開かれる。また石狩平野では乳牛の牧畜が盛で、乳製品の産額も少くない。

札幌附近の牧場

林業　　森林にはえぞまつ・とどまつ等が多く、製紙の原料・マッチの軸木(ぢくぎ)その他色々の用材として小樽・釧路(くしろ)等から各地に送り出され、その産額は甚だ多い。

鑛業　　鑛産物の中では石炭が主なもので、石狩炭田は筑豐(ちくほう)炭田と共に我が國の大炭田である。こゝから出る石炭は小樽・室蘭(むろらん)から各地に送られる。また火山が多いので處々から硫黃(ゆわう)を産する。

その他	さけ	いわし	たら	こんぶ	じか	にしん

北海道地方の主な水産物の産額の比較
總産額約四千二百萬圓(昭和三年)

水産業	近海は寒流と暖流が流れてゐるので、魚類・海藻類が多く、世界で名高い漁場となつてゐる。にしん・いか・こんぶ・たら等の産額の多いことは我が國でこの地方に及ぶ所がない。川ではさけが多くとれる。これらの水産物は干物・鹽物・鑵詰等に製造されて、多くは函館(はこだて)・小樽・根室(ねむろ)から積出される。

北海道本島に於けるにしんの陸揚げ

工業	苫小牧(とまこまい)には大きな製紙工場、函館附近にはセメント工場、札幌にはビール工場・製麻工場、室蘭には製鋼所があつて、それぞれ多くの製品を出してゐる。かやうに工業が盛になつたのは主として農産物・林産物等の原料が豊かで、石炭及び水力電氣が得易いためである。

　この地方はもと人口が至つて少く、交通が不便で、産業も幼稚であつたが、移住して來る者が多く、人口は年々著しく增加して今では二百八十萬を超え、多くの都會もでき、諸種の産業も大いに進步した。ことに農業・

工業の進歩は著しく、生産額の多いことではいづれも從來この地方第一の産業であつた水産業をしのぐやうになつた。

室蘭の製鋼所

五　交通

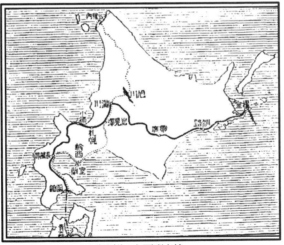

北海道の主要列車線

陸上の交通	土地が開けるにつれ鐵道も次第に延長した。本州の鐵道と鐵道連絡船の便を有する函館線は、函館から小樽・札幌を經て旭川に至り、更に宗谷線によつて稚內に達する。また函館線から分れる根室線は帶廣・釧路を過ぎて根室に達してゐる。このほか室蘭線等もある。函館からの列車には根室行と稚內行の二つがある。
水上の交通	海岸線は單調(たうてう)で良港が少く、近海は冬季風波が荒く雪も多く、また季節によつて太平洋方面には霧が深く、オホーツク海方面には流氷が多いから、海上の交通はとかく故障(こしやう)が多い。しかし函館・小樽・室蘭の諸港は年中船が自由に出入する。ことに函館・小樽の二港は北海道の門戸で、ウラジボストックとも航路が開けてゐる。

小樽港

六　住民・都邑

　住民の大部分は移住民で、人口は次第に增したが、ま

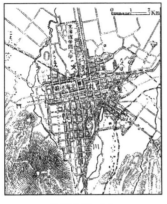

札幌市街の圖

だ密度は小さく、朝鮮の凡そ三分の一に過ぎない。

石狩平野及び上川盆地は平野が廣く地味が肥えてゐて、農産物が多く、商工業も發達してゐるから、人口が多い。札幌は北海道地方の政治・經濟の中心地で、北海道廳や北海道帝國大學があり、市街は道幅が廣く市區が正しく區劃されてゐる。札幌・小樽・函館はいづれも人口が十五萬ほどある。

札　幌

七　千島列島

　千島列島は我が國の北東端にあつて、千島火山脈が通つてゐる。地形がけはしく冬の寒さもきびしいので、住民も少く、陸上の産物も極めて少い。しかし近海には水産物が多いから、夏の間は漁業のために各地から集る者が多い。

第五　奥羽地方

一　位置・區域

奥羽地方は津輕海峽を隔てて北海道本島の南に位し、本州の北部を占め、行政上青森(あをもり)・岩手(いはて)・宮城(みやぎ)・福島(ふくしま)・秋田(あきた)・山形(やまがた)の六縣に分れてゐる。

二　地形

奥羽地方は南北に長く、三列の山地が縦に走つてゐて、その間にほゞ二列の低地がある。

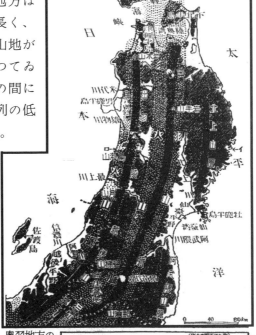

奥羽地方の地形の略圖と斷面圖

中央部	中央にある山地を奥羽山脈といひ、これに沿うて磐梯(ばんだい)山等を含む那須(なす)火山脈が通つてゐる。奥羽山脈は那須火山脈と共にこの地方を東西の二部に分つ大分水嶺をなしてゐる。
東部	東部の山地は仙臺(せんだい)灣のため南北の二つに分れ、北にあるのを北上(きたかみ)山脈といひ、南にあるのを阿武隈(あぶくま)山脈といふ。いづれも高原状になつてゐて、あまり高くない。北上山脈の東部は急に海にせまつて、小さな灣が多い。仙臺灣の一部には松島灣がある。この灣内には松のしげつた大小あまたの島があつて、風景が甚だ美しい。 　中央の山地と北上山脈及び阿武隈山脈の間には北上川・阿武隈川が流れ、川に沿うて細長い平野や盆地がある。

松 島

西部	西部の山地は處々で切れてゐるが、大體一つゞきの山脈で、南部の越後(ゑちご)山脈は高いが、北部の出羽丘陵(ではきうりよう)はあまり高くない。この山地と中央の山地との間にはたくさんの盆地があつて、川はそれぞれ盆地の水を合はせ西部の山地を橫切つて日本海に注いでゐる。主な川は米代(よねしろ)川・雄物(をもの)川・最上(もがみ)川・阿賀(あがの)川等である。
海岸	日本海岸には男鹿(をが)半島が突出してゐるほか、一般に出入が少く、また川の下流の海岸に砂濱が長くつゞいてゐるのは太平洋岸と異なつたところである。 　北部には下北(しもきた)・津輕の兩半島にかこまれた陸奧(むつ)灣がある。

三　氣候

　一般に氣溫が低いが、土地が南北に長いため、北と南では氣溫によほどの差がある。日本海方面に雪が多いのは北西風と大分水嶺のあるためである。

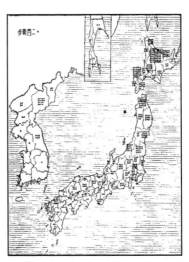

馬鈴薯の生產分布圖(昭和三年)

四　産業

苹果の生産分布圖(昭和三年)

桑畑の分布圖(昭和三年)

| 農業 | 　　農産物中米はその主なもので、主産地は最上川・雄物川の沿岸の平野と仙臺平野である。また北部地方に大豆・馬鈴薯・苹果等を多く產するのはこれらが低溫(ていをん)な氣候に適するからで、苹果の主產地は弘前(ひろさき)附近である。南部の地方はやゝ氣溫が高いので桑の生育に適し養蠶が廣く行はれる。 |

苹果の採集

| 牧畜業 | 　　太平洋方面には原野が多く雨が少いので、馬の牧畜が盛で、盛岡(もりをか)や白河(しらかは)には秋毎に馬の大市が開かれる。 |

他のその方地の	部中方地	東關方地	道海北方　地	方地州九	方地羽奧

馬の頭數の比較
總數約百六十萬頭(昭和三年)

林業	西部地方には山林が多く、ことに米代川の流域には杉の大森林がある。その川口の能代港(のしろみなと)は木材の集散地で製材業も盛である。 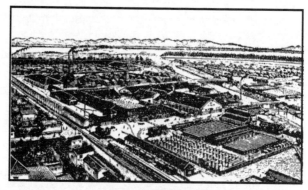 能代港の製材所
鑛業	釜石(かまいし)附近には鐵山があり、釜石には製錬所がある。阿武隈山脈の南部には關東地方につゞく常磐(じやうばん)炭田があつて、その石炭は東京方面に供給せられてゐる。  土崎港の製油所

	米代川や雄物川の流域には銅や銀を産する鑛山が多く、ことに小坂(こさか)鑛山は我が國屈指の鑛山である。このほか秋田附近には有名な油田(ゆでん)があつて、その原油は主として土崎港(つちざきみなと)にある製油所で精製せられる。
水産業	太平洋方面の近海・遠洋には水産物が多く、海岸には漁船の出入に便利な所が多いから、漁業が盛で、いわし・かつを・くぢら等が多くとれる。またこの海岸地方ではかつをぶし・いわしのしめ粕(かす)がたくさん出來る。
工業	工業は一般に振るはないが、養蠶業の盛な南部地方には製絲業・絹織物業が行はれてゐる。ことに阿武隈山脈の谷々の羽二重(はぶたえ)や最上川上流の米澤(よねざは)附近の絹織物は有名である。 　この地方第一の産業は農業であるが、耕地が割合に少く、其の上氣温が一般に低いから、農産物の産額が少い。し

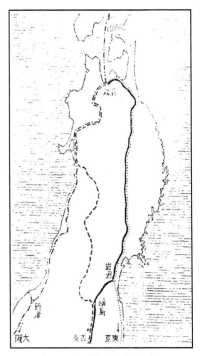

奥羽地方の縦の主要列車線

かし山林・原野が多いので林業・牧畜業は盛である。また有用な鑛物が多いので各地でこれを採掘(さいくつ)してゐる。

五　交通

主な鐵道には南北に通ずるものと東西に通ずるものとがある。東北線・奥羽線は東西兩部の平野をほゞ南北に通じ、常磐線と羽越(うゑつ)線は東西兩海岸に沿うてゐる。また磐越(ばんゑつ)線や陸羽(りくう)線は山地を横に切つて東西に通じてゐる。青森からは東北線・常磐線・奥羽線によつて東京に、また奥羽線・羽越線を經て大阪に達することができる。青森と函館との鐵道連絡船は乗客と共に貨車がそのまゝ運べる設備になつてゐる。

（欄外）陸上の交通

青森港と連絡船

日本海方面は冬季雪が深いので、鐵道には處々に雪よけトンネルを設けてあるが、それでもなほ積雪のために、汽車の交通がしばしばさまたげられる。

雪よけトンネル

水上の交通

　太平洋岸も日本海岸も共に良港が乏しいので、海上の交通は不便をまぬかれない。ことに日本海方面は冬季風波が荒く雪が多いので、一層不便である。しかし青森は本州の北端にある港、鹽釜(しほがま)は漁港、大湊(おほみなと)は海軍の要港である。

六　住民・都邑

　人口の密度は本州の他の地方に比べると最も小さく、朝鮮とほゞ等しい。しかし三列の山脈の間にある平地と最上川・雄物川の下流の平地は、産業が發達し交通が便利であるから、人口が密で都邑が多い。東北線と奥羽線はこれらの都邑の多い所を通つてゐる。

東部　東部の平野で東北線に沿うてゐる主な都會には盛岡・仙臺・福島・郡山(こほりやま)等がある。仙臺はこの地方第一の都會で、人口凡そ十九萬、東北帝國大學がある。

西部　西部の平野で奧羽線に沿うてゐる都會は弘前・秋田・山形・米澤等で、磐越線に沿うてゐる若松(わかまつ)は會津(あひづ)盆地の中心地である。若松の東にある猪苗代(ゐなはしろ)湖は會津盆地に比べると三百メートルも高いので、これから流れ出る水を利用した發電所がある。その電力は遠く東京に送られてゐる。

猪苗代發電所

　これらの都會の中で、靑森・盛岡・仙臺・福島・秋田・山形はそれぞれ縣廳の所在地である。

第六　關東地方

一　位置・區域

東京府と茨城(いばらぎ)・千葉(ちば)・栃木(とちぎ)・群馬(ぐんま)・埼玉(さいたま)・神奈川(かながは)の六縣の區域を關東地方といふ。この地方は中部地方と共に本州の中央部を占めてゐる。

二　地形

西部

西部の山地には關東山脈があり、その南西部には富士火山脈に屬する箱根火山がある。箱根は溫泉と景色のよいので名高い。

關東地方の地形の略圖と斷面圖

北部	北部の山地には三國(みくに)山脈と那須(なす)火山脈とがある。那須火山脈には那須・男體(なんたい)・赤城(あかぎ)・榛名(はるな)等の諸火山があつて關東平野の北を限つてゐる。またこれらの火山に沿うて鹽原(しほばら)・伊香保(いかほ)等の有名な溫泉がある。男體山の麓には中禪寺(ちゆうぜんじ)湖があつて、その水の流れ落ちる所が華嚴瀧(けごんのたき)になつてゐる。
關東平野	

中禪寺湖と華嚴瀧

これらの山地のほかは一面に低い平地で、我が國で最も廣い關東平野となつてゐる。

山地から流れ出た川は平野をゆるやかに流れてゐる。川の主なものは那珂(なか)川・利根(とね)川・多摩(たま)川・相模(さがみ)川等である。中でも利根川が最も長大で支流も多く、流域の處々には湖がある。霞浦(かすみがうら)はその最も大きなもので、利根川と通じてゐる。

箱 根 山

海岸

　南部には丘陵の多い房總(ばうそう)・三浦(みうら)の二半島があつて、東京灣がこの間に深く入りこんでゐる。その他の部分は海岸線の出入が少く砂濱が多いので、良港が殆どない。

三　氣候

　北部と西部は山地で、南と東は海に面し、近海には暖流が流れてゐるので、一般に暖かい。ことに房總半島の南部や相模灣の沿岸は氣候がよい。

四　產業

農業

　この地方は氣候が溫和で地味も肥えてゐるので、農業が大いに發達してゐる。主な農產物は米・麥・甘藷・野菜・煙草で、中でも麥はその產額が多く、內地の麥の總產額の凡そ四分の一になつてゐる。また西部・北部の地方は養蠶業が甚だ盛である。

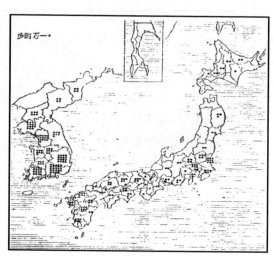

一万町歩・

麥の生産分布圖(昭和三年)

朝鮮地方	その他の地方	九州地方	關東地方
	内 地		

麥の産額の比較
（大麥・稞麥・小麥・燕麥）
年産額約五千九百萬ヘクトリットル(昭和三年)

臺灣地方	朝鮮地方	その他の地方	關東地方	近畿地方	九州地方	奧羽地方	中部地方
		内 地					

米の産額の比較
年産額約一億四千五百萬ヘクトリットル(昭和三年)

甘藷の生産分布圖(昭和三年)

鑛業

　北部の山地には足尾(あしを)・日立(ひたち)の二大鑛山があつて、共に大きな製錬所を有し、他の鑛山の鑛石をも製錬してゐる。その製錬高は兩鑛山とも銅が第一で、金・銀も少くない。石炭は常磐炭田から産する。

日　立　鑛　山

水産業

　近海には暖流があつて、水産物が多いから漁業が盛で、いわし・まぐろが多くとれ、主に東京へ送られる。また東京灣の北部では淺瀬(あさせ)を利用して盛にのりの養殖をしてゐる。

工業

　養蠶の盛な地方には製絲業・絹織物業が發達してゐる。生絲の主産地は前橋(まへばし)で、絹織物の主産地は桐生(きりふ)・足利(あしかゞ)・伊勢崎(いせざき)・八王子(はちわうじ)等である。

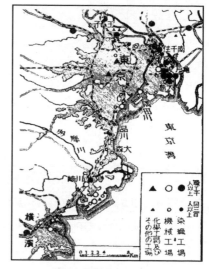

東京・橫濱及びその附近に於ける工場の分布

　東京・橫濱(よこはま)及びその附近は我が國の一大工業地區をなし、大きな工場がたくさんあつて、綿絲・毛織物・砂糖・麥粉・機械・洋紙・肥料・雜貨等を製造してゐる。

五　交通

　關東平野は産業の發達につれて、交通は一般に便利である。ことに東京・橫濱附近は汽車・電車・自動車等の

<table>
<tr><td>陸上の交通</td><td>

交通機關が極めて發達してゐる所である。東京市内には地下鐵道も開通してゐる。鐵道の主なものは東京を起點として各地に通じ、

東京の地下鐵道

航路の主なものは横濱を起點として内外の諸港に通じてゐる。

東海道線は我が國主要の鐵道で、東京を起點として横濱・名古屋(なごや)・京都・大阪を過ぎて神戸で終り、ここで山陽線に接續してゐる。

東京驛

東北線と常磐線とは東京から起つて共に奥羽地方に入り、中央線は東京から中部地方の山地を通つて名古屋で

</td></tr>
</table>

東海道線と合してゐる。東海道線・東北線及び山陽線は共に本州の鐵道の幹線で、設備が最もよくととのひ、汽車の速力も最も早く、往復回數も多い。

なほ大宮(おほみや)・高崎間には高崎線があつて東北線と信越(しんゑつ)線とを連絡し、信越線は高崎に起り新潟(にひがた)に至るものである。東京・新潟間の近道である上越(じやうゑつ)線も開通してゐる。

碓氷峠の鐵道

東海道線や中央線や信越線が關東平野を過ぎて西部または北部の山地を越える所にはトンネルが多い。また信越線の碓氷(うすひ)峠は傾斜がことに急なので、アブト式歯軌道(はきだう)を設けてある。

空の交通　立川(たちかは)や羽田(はねだ)は東京に近い飛行場で、羽田を起點として京城との間に定期航空路が開かれてゐる。

水上の交通　横濱を起點とする外國航路は南北アメリカ洲・支那・印度・ヨーロッパ洲・オーストラリヤ等世界各地の港に

通じてゐる。したがつて横濱には内外國の汽船がたえず出入する。

横濱港の繋(けい)船(せん)岸(がん)(生糸の積出し)

また利根川は霞浦や隅田(すみだ)川等と航路がつゞいてゐて、汽船も往來してゐる。我が國で水運の便の最も多いのは利根川である。

郵便・電信・電話はいづれも東京を中心として各地に通じてゐる。小笠原(をがさはら)諸島の父島に至る海底電線はそこでアメリカ合衆國の太平洋海底電線と接續する。

また東京無線電信局は世界に於ても有名なもので、遠くアメリカ合衆國と通信してゐる。

六　住民・都邑

地形や産業や交通等の關係で、人口は非常に多く全國總人口の約七分の一を占め、密度は我が國各地方中第一

<table>
<tr><td>東京</td><td>

位にある。したがつて平野の地方には大小の都邑が極めて多く、人口一萬以上の都邑が百以上もある。中でも東京は接續町村を合すれば人口凡そ五百萬、世界屈指の大都會である。

　東京は我が國の首府で、荒川(あらかは)下流の低地から西方の臺地にわたつてゐる都會である。宮城をはじめとして內閣・諸官省・日本銀行等政治・經濟上の中央機關は皆こゝに集つて居り、帝國議會の議事堂もこゝにある。また諸外國の大使館・公使館もこゝに置いてある。

東京の市街(日本橋附近)

　東京は東京帝國大學その他各種の學校・博物館・圖書館等が備つてゐて、我が國に於ける學術の中心地であり、圖書の出版の盛なことに於ても國內第一である。また大きな銀行・會社・工場等も多く、商工業が極めて盛である。

</td></tr>
</table>

横　濱　港

横濱

東京及びその附近には社寺や各所が少くない。神社では明治神宮・靖國(やすくに)神社がある。八王子の附近には大正天皇の御陵がある。

　横濱は神戸と共に我が國の二大開港場で、人口六十餘萬、その港は廣くて深く、防波堤(ばうはてい)・桟橋(さんばし)・繋船岸(けいせんがん)等水陸の設備がよくとゝのひ、大洋を航行する大きな汽船も自由に出入することが出來る。貿易は輸出が主で、その額は我が國總輸出額の凡そ五分の二を占めてゐる。我が國第一の輸出品たる生絲は大ていこゝから積出され、主としてアメリカ合衆國に行くのである。なほこの港から絹織物も輸出される。輸入品は鐵・繰綿(くりわた)・木材・小麥・羊毛等主に工業の原料品である。

横濱・水戸(みと)・千葉・宇都宮(うつのみや)・前橋・浦和(うらわ)は縣廳の所在地である。横須賀(よこすか)は東京灣の口に近く、軍港によつて發達した所で、艦船・兵器を製造する海軍の工場がある。鎌倉(かまくら)は歴史上有名な所である。

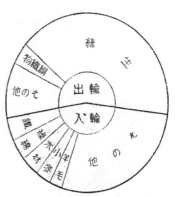

横濱港輸出入比較圖
年輸出額約七億四千萬圓(昭和三年)
年輸入額約六億一千萬圓(昭和三年)

日光は東照宮(とうせうぐう)のある所で、自然の美と人工の美を兼ね、その名は外國にまで聞えてゐる。高崎は商業地として、野田(のだ)は醬油(しやういう)の産地として名高い。

日光の東照宮

七　伊豆(いづ)七島・小笠原諸島

　大島・八丈(はちぢやう)島等の伊豆七島、父島・母島等の小笠原諸島は相模灣の南に當つて南北にならび、東京府に屬してゐる。富士火山脈に沿うてゐるので火山が多く、その中で名高いのは大島の三原(みはら)山である。

　これらの諸島は位置が南方にある上、暖流の影響を受けて氣溫が高く、小笠原諸島はことに暖かで、さたうきびを産する。近海は魚類が多いので漁業が盛である。

　父島の二見(ふたみ)港は諸島中唯一の良港で、內地と南洋諸島との交通上大切な所である。

第七 中部地方

一 位置・區域

静岡(しづをか)・愛知(あいち)・岐阜(ぎふ)・長野(ながの)・山梨(やまなし)・新潟・富山(とやま)・石川(いしかは)・福井(ふくゐ)の九縣の區域を中部地方といひ、本州の中央部を占めてゐる。

二 地形

中部地方の地形の略圖と斷面圖

鎗岳の雪谿と頂上

中央部

　この地方は本州の中で最も幅の廣い所であつて、その中央部には日本アルプスと呼ばれる飛騨(ひだ)・木曾(きそ)・赤石(あかいし)の三大山脈がそれぞれ南北にわたつて相並んでゐる。これらの山脈は内地では最も高くてけはしい所で、中部地方の主な分水嶺となつてゐる。飛騨山脈には鎗岳(やりがだけ)・白馬(しろうまが)岳等の山々がそびえ、この山脈に沿うて御岳(おんたけ)火山脈が通つてゐて、御岳・乗鞍(のりくらが)岳の高い火山がその中にある。これらの山はいづれも極めてけはしくて高いからその景色が雄大である。山頂には夏でも、冬に積つた雪がとけきらないので、いはゆる雪谿(せつけい)をつくつてゐる所もある。赤石山脈は飛騨山脈におとらない高い山脈である。

白 馬 岳

東部

　この地方の東部には富士火山脈が南北に通つてゐる。この火山脈の主峰は富士山で、高さは凡そ三千八百メートル、四時雪をいたゞいて駿河灣の沿岸にそびえてゐる姿は、まことに美しく我が國第一の名山である。なほこの地方には、東の境にあつてたえず煙を噴(は)いてゐる淺間山や飛驒高地の西にそびえてゐる白山(はくさん)等名高い火山がある。

富士山と大宮附近の製紙工場

太平洋方面

　これらの火山のある所には温泉地が多い。中でも富士火山脈に當つてゐる伊豆半島の熱海(あたみ)・修善寺(しゆぜんじ)が最も名高い。

　太平洋方面の主な川は木曾川・天龍(てんりゆう)川・大井(おほゐ)川・富士川等である。これらの川の下流にはそれぞれ沿岸平野がある。その最も廣いのは木曾川下流の濃尾(のうび)平野で、關東平野に次ぐ大平野である。

　太平洋の沿岸には東に伊豆半島があつて、景色のよい駿河灣の東を抱き、西に伊勢海が深く入りこんでゐる。駿河灣の沿岸には淸水(しみづ)港があり、伊勢海の沿岸には名古屋港がある。駿河灣と伊勢海との間には濱名(はまな)湖と三河(みかは)灣がある。

黒　部　川

日本海方面

　日本海方面の主な川は信濃(しなの)川・黑部(くろべ)川・神通(じんづう)川等である。信濃川は本州第一の大川で、長さは凡そ四百キロメートルもある。その下流の流域は越後平野で、濃尾平野に次ぐ大平野である。

日本海の沿岸には南西部に若狹(わかさ)灣がある。この灣の沿岸には小さな灣が多くて、敦賀の良港がある。中央の部分には能登(のと)半島がつき出てゐて、その東海岸に七尾(なゝを)港がある。その他の部分は

伏木港の圖

海岸線の出入が少い上に砂濱が多いので、自然の良港にとぼしい。新潟・伏木(ふしき)の兩港は日本海方面での重要な港であるが、海岸の港ではなく川口を利用したものである。

　近海には佐渡(さどが)島のほか島が極めて少い。

　三　氣候

スキー(高田附近)

太平洋の沿岸地方は地形と暖流の影響のため、氣候が溫和で、夏は雨量が多い。

高田の積雪とそり人力

　日本海の沿岸地方は冬雨量が多くて、スキーで名高い高田附近のやうな雪の深い地方もある。中央部は地形の影響で雨量が少く、また海岸地方よりも冬の寒さが強い。諏訪(すは)湖は内地で永すべりの最も盛な所である。

四　産業

清水港に於ける茶の積出し

農業	

　　濃尾平野と越後平野は土地が廣く平で、灌漑がよく行はれ、我が國での米の主產地であつて、名古屋・新潟は主な集散地となつてゐる。また濃尾平野は麥・野菜等の產額も多い。靜岡縣の海岸地方は氣候溫暖で茶・蜜柑(みかん)の產額が多く、靜岡では茶の精製や取引が盛である。製茶は淸水港から主としてアメリカ合衆國に輸出せられる。

他のその地方	州九地方	他のその縣府の	京都府	畿近地方	臺灣地方	その他の縣	靜岡縣	中部地方

茶の產額の比較
年產額約四千三百萬圓(昭和三年)

　　中央部と太平洋の沿岸地方は養蠶業が一般に盛であつて、長野・愛知二縣は繭の產額のことに多い所である。

木曾森林と森林鐵道

林業	中部地方で最も名高い林業地は木曾川の上流々域の木曾谷である。こゝにはひのき・さはら等の良材が多い。この木材の主な集散地は名古屋である。

新潟縣の油田

鑛業	信濃川下流の附近は秋田附近と共に我が國での石油の主産地であつて、いたる處に油井(ゆせい)の櫓(やぐら)が林のやうに立並んでゐる。また佐渡島からは金を産する。
水産業	近海には漁業が一般に行はれ、ことに暖流が流れてゐる太平洋方面の近海・遠洋ではかつをの漁獲高が多く、靜岡縣では盛にかつをぶしを製してゐる。日本海方面では富山・福井の二縣に多く漁獲物が集る。
工業	養蠶業が盛なのにつれて製絲業も一般に盛で、長野・愛知の二縣は生絲の産額がはるかに他の諸縣よりも多く、ことに長野縣は我が國の生絲總産額の凡そ四分の一を出

してゐる。諏訪湖沿岸の岡谷(をかや)は我が國製絲業の大中心地であつて、大小あまたの製絲工場が立並び、繭を各地から集めて盛に生絲を製してゐる。

岡谷の製絲工場

繭の產額の比較
年產額約三億七千萬キログラム(昭和三年)

生絲の產額の比較
年產額約八億四千萬圓(昭和三年)

福井縣	石川縣	その他の縣	群馬縣	その他の縣	京都府	その他の府縣
中部地方			關東地方		近畿地方	その他の地方

絹織物の産額の比較
年産額約五億五千萬圓(昭和三年)

　日本海の沿岸地方は一般に絹織物業が發達してゐるが、中でも福井・金澤及びその附近は我が國での羽二重・富士絹の主産地である。

名古屋の製陶工場

　名古屋及びその附近は諸種の工業が盛であつて、製産額の多いのは綿織物・綿絲・毛織物・陶磁器(たうじき)・時計である。陶磁器は我が國での主な輸出品の一つであつて瀬戸(せと)・多治見(たぢみ)・金澤にも産する。また静岡や輪島(わじま)では漆器(しつき)、富山では賣藥、濱松(はままつ)では綿織物・樂器を製し、富士山の裾野(すその)の大宮附近にはあまたの製紙工場があつて洋紙を製造してゐる。

　信濃川や木曾川を利用して發電した電力は遠く東京や大阪へも送られてゐる。

　この地方の大きな川の下流の流域やその他海岸の地方には色々な産業が盛で、ことに太平洋の沿岸地方は、農業・工業・商業がいづれも盛である。また中央部には處々に盆地があつて、そこにも農業や工業が發達してゐる。山地には林業の盛な所もある。

五　交通

陸上の交通

　この地方は高山や急流が多いけれども、その位置が近畿・關東兩地方の間にあるので、古くから主要な街道(かいだう)が通つてゐる。さうして鐵道もほゞこれに沿うて敷かれ、太平洋の沿岸には東海道線があり、中央部には中央線や信越線がある。また日本海の沿岸には信越線の北の一部・北陸(ほくりく)線・羽越線がある。

大井川の今の鐵橋と昔の渡し

水上の交通	中央線は名古屋で、北陸線は米原(まいばら)で東海道線と連絡し、また北陸線は直江津(なほえつ)で、羽越線は新津(にひつ)で信越線と連絡してゐる。中央線や信越線には大小あまたのトンネルがある。日本海方面で、冬の深雪が鐵道の交通をさまたげることのあるのは奥羽地方と等しい。

太平洋方面は産業が發達してゐるばかりでなく、名古屋・清水の二良港もあるから、海運の便が大いに開けてゐる。この二港には外國航路の汽船もひんぱんに出入する。

日本海方面は良港が少く、太平洋方面ほど海運は便利でない。ことに冬季は風波が荒く雨雪が多いから、海上の交通は困難である。しかし新潟・伏木・敦賀の諸港は、港の設備が大いにとゝのつて來て、この方面での大切な港となつてゐる。ことに敦賀は北鮮及びシベリヤと内地との連絡には極めて重要な港である。

敦 賀 港

名古屋無線電信局は遠くヨーロッパ洲と直接に通信してゐる。

六　住民・都邑

名古屋無線電信局の送信所

太平洋方面

濃尾平野・越後平野及びその他海岸地方の諸平野と中央部にある盆地とは、産業が盛で交通も便利なため、都邑が多い。ことに太平洋の沿岸地方には、縣廳の所在地たる靜岡・名古屋・岐阜(ぎふ)をはじめ、濱松・豊橋(とよはし)・岡崎(をかざき)・大垣(おほがき)等大きな都會が並んでゐる。中でも名古屋は濃尾平野の南部、伊勢海の北岸にあつて人口九十萬、我が國屈指の大都會で、海陸交通の要路に當り、工業も商業も發達してゐる。

日本海方面

日本海の沿岸地方にある都會の中、新潟・富山・金澤・福井は縣廳の所在地で、商工業が盛である。長岡(ながをか)は商業によつて發達した所である。

中央部

名古屋城

　中央部の盆地にある主な都會は縣廳所在地たる長野・甲府(かふふ)と松本で、長野は善光寺(ぜんくわうじ)があるので名高い所、松本・甲府は製絲業の盛な所である。また甲府の附近ではぶだうの栽培が盛である。

甲府附近のぶだう園

第八　近畿地方

一　位置・區域

　近畿地方は本州の中央よりやゝ西に當り、京都・大阪の二府と三重(みへ)・奈良(なら)・和歌山(わかやま)・滋賀(しが)・兵庫(ひやうご)の五縣の區域をいふ。

二　地形

　近畿地方は北西部と南部に山地が多く、中央部には平地が多い。

北西部

　北西部の山地は中國山脈の東の部分であつて、大體が高原狀である。

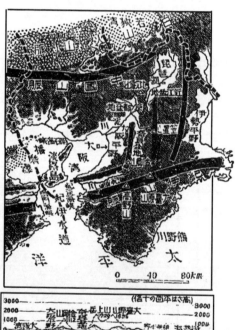

近畿地方の地形
の略圖と斷面圖

南部

日本海の沿岸には舞鶴(まひづる)灣と風景の美しい天橋立(あまのはしだて)がある。

天 橋 立

南部は東西に長い紀伊(きい)山脈のある所で、大體高原狀であるが、北西部に比べると山は高く谷が深い。この山脈には金剛峯寺(こんがうぶじ)があるので名高い高野(かうや)山と、史蹟や櫻で名高い吉野山(よしのやま)とがある。川はおほむね紀伊山脈から出てゐて、熊野(くまの)川は南に流れ、紀(きの)川は西に流れてゐる。

南部の海岸には潮岬(しほのみさき)が突出してゐる。

琵琶湖と大津

| 中央部 | 中央部にはいくつもの低い山脈が連なつてゐて、その中には金剛山・笠置(かさぎ)山等歴史に名高い山がある。これらの山脈の間には近江(あふみ)・京都・奈良の諸盆地がある。また大阪灣と播磨灘(はりまなだ)の沿岸には大阪平野と播磨平野があり、伊勢海の沿岸には伊勢平野がある。

近江盆地には琵琶(びは)湖がある。我が國第一の大きな湖で、その水は大津(おほつ)の南東から流れ出て淀(よど)川となり、京都盆地・大阪平野を過ぎて大阪灣にはいつてゐる。またこの湖の水は大津から起つてゐる疏水(そすゐ)運河によつて流れ、京都で淀川の支流の賀茂(かも)川に合してゐる。延暦(えんりやく)寺があるので名高い比叡(ひえい)山は琵琶湖の西岸にそびえてゐる。

疏水運河のインクライン |

中央部の東には伊勢海が入りこんで、その沿岸に四日市(よつかいち)港があり、西には大阪灣が入りこんで、その沿岸に大阪・神戸の二大商港がある。

大阪灣と播磨灘の間には淡路(あはぢ)島があつて、本州との間に明石(あかし)・紀淡(きたん)の兩海峽をはさみ、四國との間に鳴門(なると)海峽をはさんでゐる。明石海峽の北岸は景色が美しく、鳴門海峽は潮流(てうりう)が早いので名高い。

鳴 門 海 峽

三 氣候

この地方は一般に溫和であるが、北部は冬雪が多く、中央部は雨が少なく、南部は著しく溫暖で夏雨が極めて多い。

四　産業

有田川沿岸の蜜柑山

農業

中央部の諸平野では米・麥・菜種等が多くとれる。また紀伊水道の沿岸地方は暖かいのでいたる所に蜜柑を產する。中でも最も名高い產地は有田(ありた)川の沿岸である。ここの蜜柑は朝鮮・滿洲等にも送られる。

紀川上流流域の採木

林業

南部は暖かで雨が多いから、樹木がよくそだつ。ことに紀川・熊野川の流域は杉の造林が盛で、あまたの良材を產し、熊野川流域のものは主として川によつて新宮(し

水産業

紀川上流の筏(いかだ)流し

んぐう)に送られ、紀川流域のものは川または鐡道によつて各地に送られる。

紀伊半島の近海は、暖流が流れてゐて魚類が多く、海岸は漁港に適するので、水産業が盛である。また赤穂(あかほ)附近では良い鹽を製してゐる。

大阪北東部の工場地帶

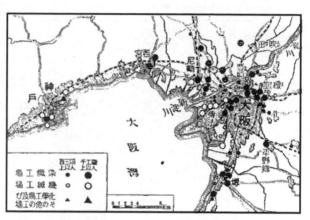

大阪灣沿岸に於ける工場の分布

工業

中央部の諸平野では工業が大いに發達してゐる。ことに大阪灣沿岸の地方は我が國の一大工業地區であつて、神戸・尼崎(あまがさき)・大阪・堺(さかひ)等の工業市が相接してゐる。

大阪にある紡績工場の內部

京都の絹織物工場

　中でも大阪はいたる所に大きな工場があつて、煙突が林のやうに立並び、煤(ばい)煙が空にみなぎつてゐる。この沿岸地方での主な工業品は綿絲・綿織物・メリヤス・毛織物・マッチ・肥料・機械等であつて、中でも綿絲・綿織物・メリヤスの如きは他の地方で見ることの出来ない莫大(ばくだい)な産額があり、海外にも多く輸出される。したがつて大阪・神戸では商業も極めて盛である。

その他の地方		中部地方		近畿地方		
その他の縣	愛知縣			その他の府縣	兵庫縣	大阪府

綿絲の産額の比較
年産額約五億七千萬圓(昭和三年)

その他の地方		中部地方		近畿地方	
その他の縣	愛知縣			その他の府縣	大阪府

綿織物の産額の比較
年産額約八億圓(昭和三年)

京都附近にある絹織物工場の内部

　京都は絹織物・染物・陶磁器等の工業が盛で、この製品はいづれも品質が優(すぐ)れてゐる。また四日市・津(つ)・和歌山では多く綿絲・綿織物を製し、黑江(くろえ)では漆器を製する。

　兵庫縣の灘(なだ)地方には全國で有名な良質の酒を産し、朝鮮米も原料の一部として使用せられてゐる。

五　交通

陸上の交通

　鐵道には本州の鐵道の幹線である東海道線・山陽線をはじめ關西(くわんさい)線・山陰(さんいん)線・北陸線等がある。

　東海道線は中央部の近江盆地・京都盆地及び大阪平野を通り、神戸に至つて山陽線に接續してゐる。山陽線は神戸から西の方姬路(ひめぢ)を過ぎ、中國地方の瀬戸内海の沿岸を通つて下關(しものせき)に至る。東京・神戸間も神戸・下關間も各各凡そ十時間の行程である。

關西線は大阪に起つて奈良を過ぎ、途中で參宮線を分ち、名古屋に至つて東海道線と連絡する。山陰線は京都に起り北西部の山地を經て、中國地方の日本海沿岸を通つてゐる。

北陸線は米原で東海道線と連絡する。

京都・大阪間、大阪・神戸間、大阪・奈良間及び京都・奈良間は汽車のほか電車もひんぱんに往來し交通が至つて便利である。

神戸港の全景

水上の交通

この地方の諸港の中、神戸・大阪の二港は内外航路の起點となり、瀬戸内海その他近海はもちろん支那・印度・ヨーロッパ洲・南北アメリカ洲・オーストラリア等世界各地の港とも航路が通じてゐる。したがつて明石・紀淡の兩海峽は海上交通の要路に當つて船が絶えず往來してゐる。

近畿地方は關東地方と共に我が國で最も交通の發達してゐる所であつて、京都・大阪・神戸は我が國に於ける交通上の要地である。

六　住民・都邑

　中央部の諸平野には、神武天皇以來御歷代の皇居があつたので、名所・舊跡が多く、また產業も極めて盛で交通も便利であつて、我が國で人口の最も密な所である。ことに大阪灣沿岸の工業地區には大きな都會が相連なつてゐる。

平安神宮

京都

　京都は京都盆地の北部にあつて、東京との間は凡そ八時間の行程である。人口は九十五萬、桓武（くわんむ）天皇以來久しく帝都であつた所で、京都御所（ごしよ）・二條離宮（にでうりきゆう）の外、平安（へいあん）神宮・知恩院（ちおんゐん）・東西本願（ほんぐわん）寺をはじめ社寺や名所・舊蹟が甚だ多い。また京都帝國大學及び各種の學校・博物館等があつて、我が國での學術の一中心地となつて居り、美術工藝（びじゆつこうげい）品の製作では國內第一と稱せられてゐる。

宇治の茶摘み

　京都の南部の桃山(ももやま)には明治天皇・昭憲皇太后(せうけんくわうたいこう)の御陵がある。桃山の附近は名高い宇治(うぢ)茶の産地である。

春日神社

奈良　奈良は奈良時代七十餘年の間帝都であつた所で、正倉院(しやうさうゐん)・春日(かすが)神社・東大寺等奈良時

代のものが多く殘つてゐる。奈良の西南には法隆(ほふり
ゆう)寺があり、南には神武天皇の御陵と橿原(かしはら)
神宮とがある。

大阪の市街(中之島附近)

淀川の下流

大阪

　　大阪は淀川の下流の沿岸平野にあつて、人口は二百四十五萬、東京と並び稱せられる大都會で、近畿地方以西に於ける商業の中心地であり、我が國第一の工業地である。淀川の下流及びこれから分れてゐる疏水運河が市内を縦横(じゆうわう)に通じて水運が便利であるから水の都ともいはれてゐる。また港の設備がよくとゝのつてゐて、大きな汽船も出入することが出來る。したがつて交通も貿易も年と共に發達し、綿織物の輸出が甚だ多い。

大 阪 港

神戸

　　神戸は兵庫縣廳所在地で、人口七十九萬、横濱と並び稱せられる大開港場で、港の設備がよくとゝのつて居り、出入する汽船の數は横濱よりも多い。貿易は横

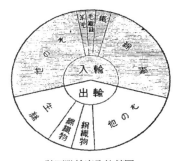

神戸港輸出入比較圖
年輸出額約六億三千萬圓(昭和三年)
年輸入額約八億八千萬圓(昭和三年)

濱の場合と反對に輸入が主で、その額は我が總輸入額の凡そ五分の二を占めてゐる。輸入品の主なものは繰綿・鐵・毛織絲・羊毛等である。繰綿は我が國第一の輸入品であつて、アメリカ合衆國・印度等からこゝに來るものが最も多い。輸出品の主なものは生絲・綿織物・絹織物等である。神戸は工業も盛で造船所をはじめいろいろな大きい工場がある。

　津・奈良・和歌山・大津は縣廳の所在地で、それぞれその縣内の中心地になつてゐる。宇治山田は皇大神宮の所在地で、姫路は播磨平野の中心地である。

　南部は大てい山地で産業が進まず交通も不便で、都邑も極めて少い。

初等地理書　卷一　終

昭和七年三月二十五日翻刻印刷
昭和七年三月二十八日翻刻發行

初等地理一

定價金十八錢

著作權所有

著作兼
發行者

京城府元町三丁目一番地
朝鮮總督府

翻刻發行
兼印刷者

京城府元町三丁目一番地
朝鮮書籍印刷株式會社
代表者　井上主計

發行所

京城府元町三丁目一番地
朝鮮書籍印刷株式會社

朝鮮總督府編纂 (1933)

『初等地理書』

(卷二)

初等地理書 卷二

朝鮮總督府

目録

『初等地理書』 巻二

第九 中國及び四國地方

一 位置・區域

　中國及び四國地方は近畿地方の西に位し、鳥取(とつとり)・島根(しまね)・岡山(をかやま)・廣島(ひろしま)・山口(やまぐち)の五縣の區域の中國地方と、香川(かがは)・愛媛(えひめ)・徳島(とくしま)・高知(かうち)の四縣の區域の四國地方とである。

二 地形

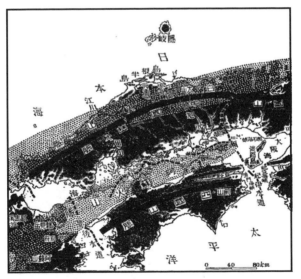

中國及び四國地方の地形の略圖と斷面圖

中國地方には高原狀の中國山脈が北にかたよつて東西に走り、四國地方にはほゞこれに平行して四國山脈が走つてゐる。四國山脈は中國山脈にくらべると、一般に山はけはしくて高い。この兩高地の間に瀬戸內海がある。したがつてこの地方は地形上、日本海方面・瀬戸內海方面・太平洋方面の三地方に分けることができる。

日本海方面

日本海方面は中國山脈に沿うた白山火山脈もあつて、平野に乏しく、川は一般に短かい。しかし江(がうの)川は中國第一の大きな川で、中國山脈を横ぎつて流れてゐる。中央部に島根半島と夜見濱(よみがはま)があつて中海(なかのうみ)をかこむほか、海岸線は出入に乏しい。島も隱岐(おき)を主なものとするに過ぎない。

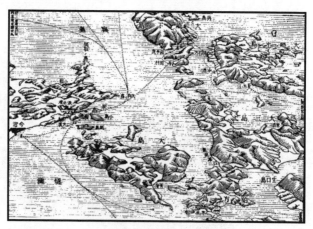

瀬戸內海

瀬戸內海方面

瀬戸內海方面は海岸線の出入が甚だ多く、大小あまたの島がある。中國の瀬戸內海方面は日本海方面に比べると、一般に川も大きく平野も廣い。中でも岡山平野が最

太平洋方面	も大きい。四國の瀨戸内海方面は中國方面とよく似てゐて、高松(たかまつ)・松山(まつやま)の二平野がある。 　太平洋方面では紀伊水道に注いでゐる吉野川が四國中最も大きな川で、下流に德島平野がある。南部は一般に山がちで、高知平野のほかには見るべきものがなく、海岸線は弓形をなしてゐる。西部の豐後(ぶんご)水道方面は海岸線の出入に富んでゐる。

三　氣候

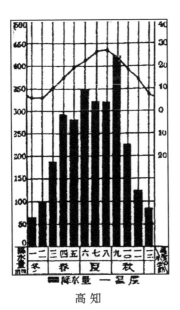

高知

日本海方面は冬季は北西風のために雨雪が多く、瀨戸内海方面は中國山脈と四國山脈で外海から隔たつてゐるので、年中雨量が少く、氣候も溫和である。太平洋方面は暖流の影響(えいきやう)もあるので、これら二地方より氣溫が高く、夏季は南東風のために雨量が多い。

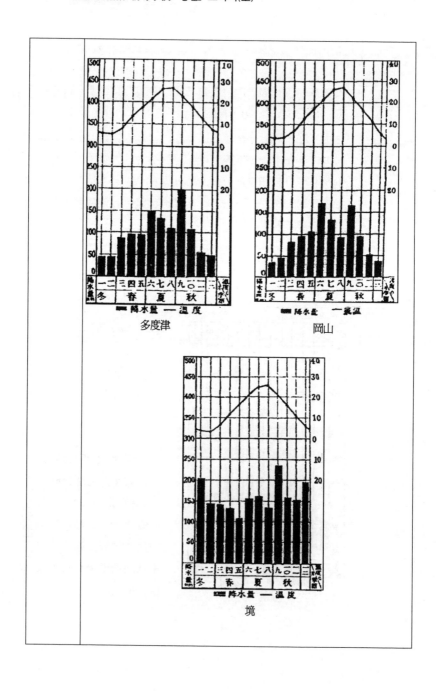

多度津

岡山

境

四 産業

　産業は一般に瀬戸内海方面が盛で、他の二方面は餘り振はない。

```
他のそ│近畿地│中國地│瀬戸地│九州地│　　朝 鮮 地 方
方地の│　方 │　方 │　方 │　方 │
```

牛の頭數の比較
總數約三百四十萬頭(昭和三年)

農業・牧畜業

　農産物の中、主なものは米・麥で、多く瀬戸内海方面に産する。またこの方面には疊表(たゝみおもて)の原料もできる。

　中國地方は牧畜が盛で、殊に廣島・岡山の二縣の牛は名高い。

林業・鑛業

　林業は他の二方面は振はないが、太平洋方面は氣温が高く雨量がゆたかなので、樹木が繁茂し、林産物が少くない。鑛産物は餘り多くないが、中國山脈は主として花崗岩から成つてゐるため各地から石材を産する。また山口縣の大嶺(おほみね)・宇部(うべ)には石炭を産し、四國山脈中にある別子(べつし)鑛山は日立・足尾・小坂と並び稱せられる大鑛山で、多く銅鑛を産し、その鑛石は瀬戸内海の四坂(しさか)島で製錬される。

水産業

　近海は一般に漁業が盛で、山口縣のたひ、隱岐のするめ、廣島灣のかき、高知縣のかつを・まぐろ等は有名である。高知縣ではかつをからかつをぶしを製造する。またこの地方では朝鮮近海に出漁するものが多いので、下關は水産物の集散の最も盛な所である。

香川縣の鹽田

瀨戸內海沿岸は雨量が少く晴天の日が多いから、各所の砂濱は鹽田に利用され、我が國での主な製鹽業地となつてゐる。香川縣の坂出、山口縣の三田尻は鹽田の多い所である。製法は朝鮮の如き天日製鹽ではない。

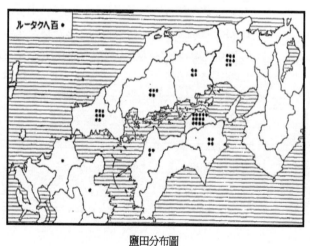

鹽田分布圖

工業	工業の盛なのは瀬戸内海方面で、綿絲・綿織物・疊表・花筵(はなむしろ)・麥稈眞田(ばくかんさなだ)等を產する。また太平洋方面では各地でみつまたやかうぞを原料として和紙を製造してゐる。
陸上の交通	## 五 交通 　日本海方面には山陰線があつて、山陽線と連絡してゐるが、太平洋方面は鐵道が少いので、陸上の交通は不便をまぬかれない。中國の瀬戸内海方面は土地が開けて產業も盛であるから、交通は最も便利である。山陽線は東海道線と接續して我が國鐵道の幹線の一部をなし、岡山・廣島等この方面の主な都會を通つて下關に達してゐる。 　四國の瀬戸内海方面にも高松・松山等の主要都市を連ねる鐵道が開通してゐる。  下關海峽の貨車航送船 　下關と下關海峽を隔ててこれと相對してゐる門司(もじ)との間には、鐵道連絡船がひんぱんに往來して、山陽線と九州の鐵道の幹線との連絡をとつてゐる。

下關は朝鮮と内地の連絡上最も重要な港で、釜山との間の鐵道連絡船は山陽線及び九州の鐵道の幹線と朝鮮の京釜線との連絡をとつてゐる。連絡船の片道に要する時間は八時間ほどである。

岡山の南にある宇野と高松との間にも鐵道連絡船が往來してゐる。

關釜連絡船(下關港)

水上の交通

日本海・太平洋兩方面は良港に乏しいため、水上の交通は不便である。瀬戸内海方面は古來我が國に於ける海上交通の要路で、東には大阪・神戸の大都市大開港場をひかへ、西には下關・門司等の開港場をはじめ、北九州の工業地をひかへてゐるため、内外の汽船が常に往來してゐる。

六 住民・都邑

日本海方面 日本海方面の主な都會は鳥取と松江で、何れも縣廳の所在地である。境はこの方面第一の港で、大社(たいしや)には出雲大社(いづものおほやしろ)がある。

瀬戸内海方面 瀬戸内海の沿岸地方は、産業が發達し交通も便利で、土地がよく開けてゐるから、人口の密度も大で、したがつて都會も多い。岡山・廣島・山口・高松・松山はそれぞれ縣廳の所在地である。

岡山は旭(あさひ)川の下流平野の中心にあつて、鐵道が集つて交通の要路に當り、商工業が盛である。岡山の西の尾道(おのみち)は昔から知られた港である。

廣島は大田(おほた)川の三角洲の上にあつて、宇品(うじな)港をもつてゐるから、海陸の交通が便利であり、商業も盛で、人口二十七萬を有する中國第一の大都會である。吳(くれ)は軍港によつて發達した所、下關は本州の西端にある交通上の要地で、商業も盛である。

高松は交通上の要地で商業も盛であり、その西には丸龜(まるがめ)・多度津(たどつ)・琴平(ことひら)等の都邑がある。琴平には金刀比羅(ことひら)宮がある。松山は近くに高濱(たかはま)の港をひかへ、松山平野の中心で、その東にある道後(だうご)は名高い溫泉地である。

瀬戸内海は大小無數の島が散在してゐて、景色がよいので海の公園といはれてゐる。島々の中、廣島灣内の嚴島(いつくしま)は嚴島神社があるので名高い。

嚴島神社

太平洋方面

太平洋方面は平野も少く交通も不便であるから、人口の密度は小さく、縣廳所在地の德島・高知が主な都邑である。德島は吉野川下流の平野に發達した都會で、商業が盛である。

第十 九州地方

一 位置・區域

　九州地方は中國及び四國地方の南西に位し、九州島及びその近海の島々と琉球(りうきう)列島とをふくむもので、福岡(ふくをか)・佐賀(さが)・長崎(ながさき)・熊本(くまもと)・大分(おほいた)・宮崎(みやざき)・鹿兒島(かごしま)・沖繩(おきなは)の八縣の區域をいふ。

二 地形

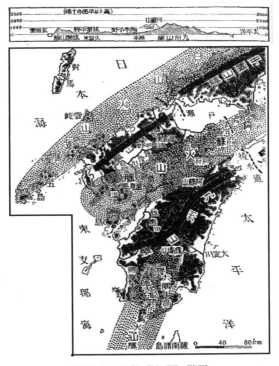

九州地方の地形の斷面圖と略圖

山地	北部には中國山脈のつゞきの筑紫(つくし)山脈が走り、南部には四國山脈のつゞきの九州山脈が走つてゐる。筑紫山脈は低くて處々が切れてゐて、その間に低地をはさんでゐるが、九州山脈は高くて山もけはしく、本島の主な分水嶺になつてゐる。この二つの山脈の間には東西に阿蘇(あそ)火山脈が通つてゐて、その中に、鶴見(つるみ)岳・阿蘇山・溫泉(うんぜん)岳等の火山があり、また別府(べつぷ)・溫泉等の溫泉や耶馬溪(やばけい)の名勝もある。阿蘇山は諸外國にも例を見ないほどの大きな舊火口を有し、その中央に數箇の新らしい火口丘(きう)ができて、今なほ噴煙してゐるものもある。中央の火口丘と元の火口壁(へき)の間は廣い平地をなしてゐて、多くの人が住み、鐵道も通つてゐる。  阿蘇山の噴火口 　九州山脈の南部には、霧島(きりしま)火山脈が南北の方向に通つてゐて、霧島山・櫻島(さくらじま)等の火山があり、溫泉も處々にある。この火山脈は更に南へ延び

	て薩南(さつなん)諸島・琉球列島の内側を走つてゐる。
川・平野	川はこれらの山地に源を發し、その流域にそれぞれ平野を作つてゐる。筑後(ちくご)川の流域には九州で最も廣い筑紫平野がある。球磨(くま)川はけはしい九州山脈の間を流れるため急流で、その流域は平野に乏しい。
海岸	海岸線は一般に出入が多い。殊に北西部にはいたる所に彎入(わんにう)があり、島嶼が多く、博多(はかた)灣・肥前半島・有明(ありあけ)海等がある。また北西部と朝鮮との間には壹岐(いき)・對馬(つしま)の二島と對馬・朝鮮の二海峽とがある。南部には大隅(おほすみ)・薩摩(さつま)の二半島が鹿兒島灣を抱き、また薩南諸島と琉球列島とが一系の列島をなして九州島と臺灣島との間に連なつてゐる。

三　氣候

　北部は一般に温和で雨量も適度であるが、中央部の熊本平野は稍稍寒暑の差の多い内陸性の氣候で、南部の鹿兒島・宮崎地方は氣温が高く雨量も多く、四國の太平洋方面と似てゐる。琉球列島はこれらの諸地方よりも著しく温暖で、殆ど降雪を見ることがない。

四　産業

農業	筑紫平野・熊本平野は九州地方の主な農業地で、米・麥を多く産し、また中部や南部の畑からは甘藷がたくさんとれる。そのほか筑紫平野のなたね、鹿兒島縣の煙草等

林業・牧畜業				

も有名である。

　南部の山地には木材を多く産し、處々で木炭ができる。また阿蘇山や霧島山の裾野等には馬の牧畜が盛で、南部の列島地方には豚が飼はれてゐる。

石炭の産額の比較
年産額約三千七百萬噸(昭和三年)

三池炭坑の一大炭田(萬田:まんだ)

鑛業	

　北部地方は我が國で最も重要な石炭の産地で、福岡縣は我が國の石炭總産額の二分の一を産する。有名な炭田には遠賀(をんが)川の流域の筑豐(ちくほう)炭田、有明海沿岸の三池炭田等がある。筑豐炭田から出る石炭は主として若松(わかまつ)・門司の二港から、三池炭田から出る石炭は主として三池港から內外各地に積出される。三

池港は有明海が遠淺である上に、潮の干滿の差が大きいので、仁川のやうに特別の設備をしてある。大分・鹿兒島の二縣は我が國での金の主產地で、佐賀關(さがのせき)には規模の大きい製鍊所があつて、金のほか銅も製鍊されてゐる。

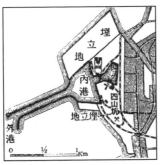

三池港の圖

佐賀關製鍊所

水産業	近海では一般に漁業が盛である。殊に北西部の半島や島の多い地方はいわし・ぶり・いか等がたくさんとれ、いかは長崎縣でするめに製造される。また鹿兒島縣ではかつをの漁獲が盛で、かつをぶしを製造する。

北九州工業地區

北部は石炭の大産地をひかへ、海陸の交通も開けて、工業の原料や製品の集散に便利であるから各地に工業が發達し、下關海峽から洞海(くきのうみ)の沿岸に至る一帶の地はあまたの大工場があつて、京濱・阪神地方と共に我が國の三大工業地區と稱せられてゐる。製品の主なものは鐵・セメント・砂糖・藥品・機械等で、中でも鐵は主に八幡(やはた)製鐵所で製錬せられ、その産額は我が國の總産額の過半を占めてゐる。この製鐵所で原料に用ひる鐵鑛は朝鮮・支那・マレー半島から運ばれる。

本邦製鐵原料鐵鑛産地
年額二百三十七萬瓲(昭和三年)

八幡にある製鐵所

　このほか有田の陶磁器、長崎の造船、久留米の絣(かすり)織、大分縣の疊表等も名高い。また各地に紡績業も盛である。

有田にある陶器製造場

五 交通

陸上の交通

交通は水陸共に北部がよく開け、南部は不便である。鐵道は門司を起點とし、鹿兒島本線は小倉(こくら)・福岡・鳥栖(とす)・熊本等の都市を經、九州の西海岸に沿うて鹿兒島に至り、日豐(につぽう)線は小倉よりわかれて大分・宮崎等の東海岸の都市を連ねて吉松(よしまつ)で、肥薩(ひさつ)線に接續してゐる。

このほか主な鐵道には鳥栖よりわかれ佐賀を經て北部の半島部の長崎に至る長崎線と、熊本から阿蘇山を通つて中部を東西に横斷して大分に至る豐肥(ほうひ)線と、八代(やつしろ)から吉松を經て鹿兒島に至る肥薩線とがある。北部の工業地區や筑豐炭田地方には鐵道が網の様にしかれてゐるので、殊に交通が便利である。

若 松 港

水上の交通

北部の海岸は天然の良港が多い上に、商工業が發達し位置もまた世界交通の要路に當つてゐるから、海上の交通は甚だひんぱんで 門司・若松・長崎の諸港には常に

內外の汽船が往來してゐる。中でも門司は瀨戸內海の關門になって居り、石炭の供給地であるから汽船の出入が極めて多い。鹿兒島は南方諸島との連絡港である。

名島飛行場

空の交通

福岡の附近の名島(なじま)には水上、太刀洗(たちあらひ)には陸上の飛行場があつて、太刀洗と大阪・東京地方、朝鮮の蔚山・京城・平壤及び滿洲の主要地との間には定期航空路が開けてゐる。

通信

長崎・佐世保(させぼ)の附近からは、對岸の大陸に至るいくつもの海底電線がある。中でもウラヂボストックに至るものと、上海(しやんはい)に至るものとは、それぞれ世界電信線の幹線であつて、遠くヨーロッパ洲に通じてゐる。

六 住民・都邑

九州島の海岸の平地は一般に人口が密で都會が多い。中でも北部の工業地區には門司・小倉・戸畑(とばた)・若松・八幡等の工業都市が殆ど一都市の如く連續し、また

福岡・久留米・佐賀・佐世保・長崎・大牟田(おほむた)等の都市がある。熊本は中央部、鹿兒島は南部の中心地をなし、東海岸には別府・大分・宮崎等の都市がある。これらの都市の中、福岡・佐賀・長崎・熊本・大分・宮崎・鹿兒島は縣廳の所在地である。

福岡市

鹿兒島港と櫻島

福岡は人口約二十三萬、九州第一の都會で商工業が發

達してゐる。まだこゝに九州帝國大學がある。長崎は早くから開かれた港で、大きな造船所があり、佐世保は重要な軍港である。

長崎にある造船所

七　薩南諸島・琉球列島

琉球の榕樹

薩南諸島の主な島は大島で、琉球列島の主な島は沖縄島である。これらの地方は位置が南にあつて熱帶に近く、その上暖流の影響を受けるため、氣候は甚だ温暖で雨量が多い。さたうきび・甘藷

が盛に栽培されてゐる。沖繩縣は粗糖の產額が內地の諸府縣中第一位である。

　沖繩島には那覇(なは)・首里(しゆり)の二都會があり、那覇は港で縣廳の所在地である。

第十一 臺灣地方

一 位置・區域

臺灣地方とは臺灣島と澎湖(はうこ)諸島とをいひ、我が國の南西端に位し、西は臺灣海峽を隔てて支那と相對し、南はバツー海峽を隔てて、アメリカ合衆國領のフィリピン群島と相對してゐる。

二 地形

臺灣地方の地形の略圖と斷面圖

臺灣島はほゞ南北に細長い島で、東部は大てい山地

で、西部は平地が多い。東部の山地は高い山脈がいくつも相並んで南北に連なつてゐて、地形が極めてけはしい。その主脈は臺灣山脈で、本島の大分水嶺である。その中には富士山よりも高い山山があつて、殊に新高(にひたか)山は高さが約三千九百五十メートル、我が國第一の高山である。

新 高 山

東部地方　臺灣山脈の東側は急に海にせまつてゐるため、川も平野も見るべきものがなく、海岸に沿ふ山脈と臺灣山脈との間には細長い低地がある。

海岸線は出入に乏しく、絶壁になつてゐる所が多い。

西部地方　臺灣山脈の西側は東側よりも傾斜がよほどゆるやかで、次第に廣い平野となつてゐる。淡水(たんすゐ)河・濁水(だくすゐ)溪・下淡水溪等は西側を流れてゐる主な川で、もとは屢屢氾濫(はんらん)したが、今は工事をほどこしたためその害が少い。

　海岸線は出入に乏しいが、東海岸と異なつて、平野が
ゆるやかに海に傾いてゐて、砂濱が多く、遠淺である。
西部の海は臺灣海峽で、そこに澎湖島がある。

　三　氣候・生物

　臺灣地方は日本列島中最も南にある上に、近海に暖流
が流れてゐるため、年中氣候が暖かく、四季の區別が内
地ほどはつきりしない。雨量は一般に多いが、北部は冬
に、南部は夏に多く降り、その他の季節には少い。

びんろうじ

　臺灣島の南半は熱帶に入つてゐるから、低地には熱帶
植物のがじまる・びんらうじ・くすのき等が繁茂し、高
地は割合に氣溫が低く、大きなひのきもよく育つ。動物
には内地や朝鮮に棲んでゐない水牛等がある。

四 產業

　產業は、廣い平野があり交通も便利な西部地方が一般に盛で、殊に我が國の領土になつてから急に發達した。

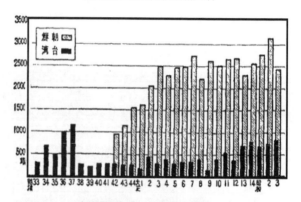

臺灣の主な農產物の產額の比較
總產額約二億五千萬圓(昭和三年)

臺灣朝鮮に於ける米產額增減表

灌漑の一方法

さたうきびの畑

高雄港に於けるバナナの積出し

農業　　　　農業は臺灣の最も重要な産業で、米・さたうきび・甘
藷・茶・バナナ・落花生(らくくわせい)等を多く產す
る。氣溫が高くて雨量が多いため、稻の栽培に適して年

に二回收穫(しうくわく)され、内地に移出される米の額も少くない。最近大貯水池や用水路を大規模に造つて灌漑に便にしてゐる。茶は主として北部の丘陵地に産し、さたうきびは中部及び南部の平地に栽培される。

水牛を使つて耕作してゐる所

牧畜業

　家畜には水牛・豚等が飼はれ、水牛は耕作に使役される。豚は全國總頭數の約半分を占めてゐる。

阿里山のひのき

林業	山地には大森林があつて、ひのき・くすのきは特に有名で、阿里山(ありさん)では盛にひのきの良材を伐出し、鐵道で輸送する。嘉義(かぎ)には大きな製材所がある。
鑛業	鑛産物の主なものは石炭・石油・金で、石炭・金は北部に、石油は中部に産する。

粗製樟腦工場

水産業	近海ではたひ・かつを等がとれ、西部の海岸では砂濱を鹽田に利用して天日製鹽が行はれてゐる。
工業	工業は農業・林業に關するものが主で、南部の嘉義附近をはじめ各地の製糖業、北部の製茶、山地の樟腦(しやうなう)及び樟腦油の製造等が世に知られてゐる。その他アルコール・セメント・肥料等の工業も盛になりつゝある。中でも砂糖は最も多額に産出され、また樟腦は本島の特産物である。

製糖工場の分布

製 糖 工 場

五 交通・商業

陸上の交通　西部の平野には鐵道の便が大いに開けてゐて、基隆(きいるん)から高雄(たかを)には縱貫線が通じ、これにあまたの鐵道が連絡してゐる。

東部の平野にも南北に通ずる鐵道があるが、臺灣山脈

が高いため、これを横ぎつて東西を連絡する鐵道は未だ
開けてゐない。

基 隆 港

海上の交通　地形の關係で良港が少い。したがつて海上交通は不便
である。しかし北部の基隆と南部の高雄は港としての設
備がとゝのつてゐて船の出入が便利である。基隆は内地
と、高雄は支那・南洋方面との交通がひんぱんである。
そのほか西海岸には支那のために特別に開いた港があ
る。これらの港によつて砂糖・茶・樟腦等は内外各地に
送られてゐる。

六 住民・都邑

西部の平野は産業が發達し交通も便利であるから、人
口が割合に多く、住民の總數四百六十萬の中、約十分の
九はこの地方に住んでゐる。したがつて都邑も多く、そ
の主なものは鐵道の幹線に沿うてゐる。

臺 北

　基隆は臺灣の門戸で船の出入が多く、商業が盛で、內地との關係が深い。臺北(たいほく)は臺灣第一の都會で、政治・交通・商業・學術の中心地である。總督府・臺北帝國大學等があつて、新市街には洋風の大きな建物が立並んでゐる。新竹(しんちく)・臺中(たいちゅう)・嘉義・臺南(たいなん)・高雄・屏東(へいとう)等はそれぞれ地方の中心地をなしてゐる。

　東海岸には花蓮港(くわれんかう)・臺東(たいとう)等がある。

　澎湖諸島は岩の多い低い島々で、澎湖島の馬公(まこう)は國防上重要な位置にあるので、海軍の要港となつてゐる。

澎湖諸島

第十二 我が南洋委任統治地

我が南洋委任統治地はもとドイツ領であつた赤道の北にある島々、即ちカロリン諸島・マーシャル諸島の全部と、マリヤナ諸島の大部分とで、世界大戦の結果我が國が統治するやうになつた所である。島の數は數百もあるが、面積は約二千平方キロメートル、人口は約七萬に過ぎない。この諸島を治める南洋廳はコロール島にある。

南洋の部落

燐礦採掘場

產業	この諸島は臺灣より更に南に位し、赤道にまで達してゐるので、全部熱帶に屬し四季の別がなく、氣溫は年中高い。土地が狹く、その上平地が少いので、產業はあまり發達してゐない。たゞさたうきびの栽培は相當に盛で、製糖業がこの諸島第一の產業である。その他の主な產物はコプラと燐礦とで、砂糖と共に多く內地に送られる。 　主な島々と內地との間には定期に我が汽船が往來してゐる。

第十三 關東州

區域

　關東州は租借地で、滿洲國の遼東半島の南端部である。面積は約三千五百平方キロメートル、人口九十六萬、その中、我が國人は約十二萬である。

關東州の鹽田

地形

　州内は山が多くて平地が少く、海岸線は出入が多く、黄海の沿岸には旅順(りよじゆん)・大連(だいれん)の二港がある。

産業

　農業は盛でない。近海では漁業が行はれ、また處々の砂濱では天日製鹽が行はれてゐる。

都邑

　旅順は港口が狹く港内も淺いので、港としては大連に及ばないが、三方は山にかこまれてゐる自然の要害地である。ここは政治の中心地で關東廳がある。その附近には明治二十七八年並びに同三十七八年の兩戰役に關する名高い戰跡が多い。

爾靈(にれい)山上の記念碑

大連は滿洲の門戶で、世界交通の要地である。その港は廣くて深く、防波堤・繋船岸・倉庫等の埠頭の設備がよくとゝのひ、冬も港內が殆ど結氷しないから、四時船舶の出入が多く、內地・朝鮮及び支那の諸港との海上の交通が便利である。

大連港の埠頭

またこの地を起點とする我が南滿洲鐵道は、東支鐵道・奉山線と連絡し、世界の鐵道の幹線の一部となつてゐる

から、滿洲國・支那・シベリヤ各地との陸上の交通も便利である。滿洲の重要輸出品である豆粕(まめかす)・大豆・石炭・豆油は主としてこゝから內地・朝鮮及び支那に積出され、滿洲の重要輸入品である我が國產の綿織物・綿絲・麥粉・雜貨等は多くこゝから滿洲各地へ送られる。豆粕は大連をはじめ滿洲各地で大豆を原料として製造し、大部分は橫濱・神戶に輸出するが、その生產高は大連が第一である。

豆粕製造工場

油房(ゆばう)は大連に於ける工場中の主なものである。大連は大商業市場で、その貿易額は滿洲國の總貿易額の二分の一以上を占めてゐる。市街は宏壯で、ほゞ中央に一大廣場があつて、こゝを中心として十條の大道路が放射(はうしや)狀に出てゐる。この地はもとロシヤ人の經營した所で、その當時は人口が四萬にも足らなかつたが、今は約三十七萬に達してゐる。

大連

　關東州の中ほどに金州がある。もとこの地方の政治の
中心であつた古い都邑で、城壁がある。北の境には兩海
岸に普蘭店(ふらてん)と貔子窩(ひしくわ)があり、共に製
鹽業が盛である。

第十四 日本總說

地形

　日本列島の形は北東から南西に大體大きな三つの弓形をなし、中央部の弓形には北海道本島・本州・四國・九州があり、北東部の弓形には千島列島、南西部の弓形には薩南諸島・琉球列島・臺灣がある。これらの三つの弓形と樺太・朝鮮半島とによつて日本海・オホーツク海・黃海及び東支那海が區劃されてゐる。一般に山がちで、主な山脈は本州の中央部から北東または南西に向かつて列島を縱に通り、相連なつていくつもの山系をなしてゐる。

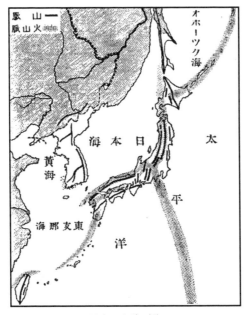

日本の山系の圖

　本州の中央部は土地が高くてけはしく、日本列島の屋根ともいふべき所で、これから北東に向ふ主な山脈は三國山脈・奧羽山脈・蝦夷山脈・樺太山脈等で、一つの山系をなし、南西に向ふ主な山脈には飛驒山脈・中國山脈・筑紫山脈等の如く列島の内側を走るものと、赤石山脈・紀伊山脈・四國山脈・九州山脈・臺灣山脈等の如く列島の外側を走るものとの二つの山系がある。

　朝鮮半島の太白山脈はこれらの山脈とは別の系統に屬するものである。

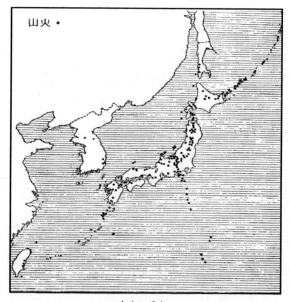

火山の分布

　我が國は有名な火山國で、その火山脈は多くは前に述べた山系に沿うて列島を縱に走り、北東部には千島火山脈・那須火山脈等があり、南西部には白山火山脈・阿蘇

火山脈・霧島火山脈等がある。たゞ富士火山脈は本州の中央部を横ぎり、遠く太平洋中に延びてゐる。これらの火山脈中には富士山をはじめ圓錐形火山が多く、淺間山・阿蘇山等はたえず煙を噴いてゐる。またこれらの火山地方は一般に景色が美しく、溫泉が湧出てゐて、遊覽(いうらん)保養に適する所が多い。

　日本列島はかやうに土地の成立が複雑であるから、火山が多いばかりでなく、地震も多く、世界の有名な火山地帯・地震地帯となつてゐる。

　日本列島でも朝鮮半島でも大分水嶺はそこを縦に走つてゐる山系からなつてゐるから、川は大體太平洋方面のものと、日本海方面・黃海方面・東支那海方面のものとに分れてゐる。

富　士　川

　平野は川の下流や川口附近の海岸にあつて、關東平野・越後平野・濃尾平野・筑紫平野・石狩平野、朝鮮の南西部の平野、臺灣の西部の平野等が主なものである。

我が國の海岸線は屈曲に富んでゐる。殊に瀬戸内海、北九州、朝鮮の南部は甚だしい。しかし北海道のオホーツク海の沿岸や、朝鮮・臺灣の東海岸のやうに割合に單調な所もある。

氣候

臺灣の南部を除いては、他は溫帶內にあつてしかも海洋の影響を受けるため、氣候は一般に溫和であるが、北部の緯度の高い地方には、冬は寒さが割合にきびしい所もある。朝鮮の北部は大陸の影響をうけるため、寒暑の差が大である。雨量は一般に多いが、季節によつて風がかはるため地形の影響を受けて、雨量の多い時期と少い時期とがある。

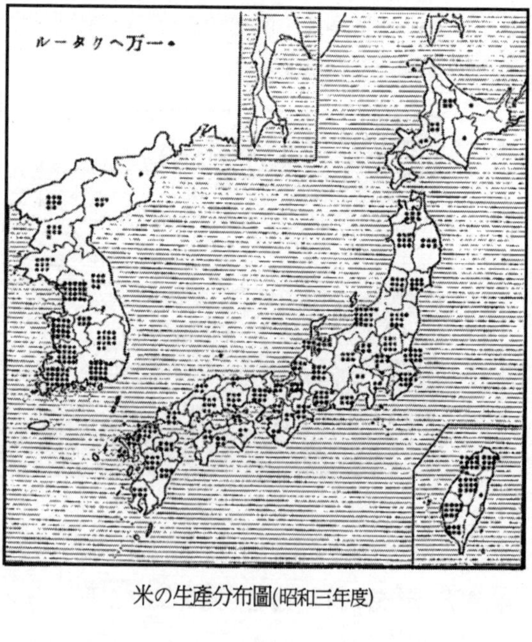

米の生産分布圖(昭和三年度)

産業 農業	我が國の耕地は總面積の約六分の一に過ぎないが、氣候・地味共に農業に適してゐるので、農業は古來我が國の重要な産業となつてゐる。關東平野・濃尾平野をはじめ大小の平野はよく耕作され、諸川は灌漑によく利用されて、特に米作の發達を促してゐる。農産物の主なものは米・麥・豆・甘藷である。またさたうきび・茶・煙草・蔬菜・果物の産額も少くない。これらの農産物は大部分は食用に供せられ、一部分は工業品の原料に用ひられてゐる。

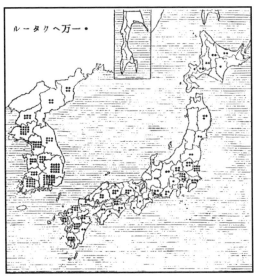

麥の生産分布圖(昭和三年)

我が國の主な農産物の産額の比較
總産額約三十六億圓 （昭和三年）

茶・薄荷等が多少輸出されるのみで、その他は大てい國內の需要を充たすに足らず、米でさへも輸入することがある。我が國の工業上最も必要な原料たる綿は殆ど全部を外國に仰いでゐるので、その輸入額の多いことは我が國の輸入品中の第一位を占め、大部分はアメリカ合衆國・印度から來るのである。

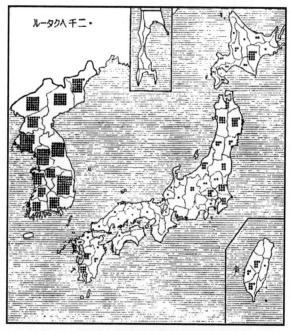

大豆の生産分布圖(昭和三年)

我が國の人口は年々增加して食料の需用が多くなり、また工業が發達するにつれて原料の需要も增加する。しかるに耕地の擴張、農業の發達はこれに伴なはないから、今後農産物の輸入は益々多くなるであらう。

農作物の肥料には人造肥料・魚肥・油粕等が盛に用ひられ、その產額が近年著しく增加して來た。しかしなほ滿洲から豆粕、ドイツ・イギリスから人造肥料が盛に輸入されてゐる。

養蠶業　我が國は世界第一の養蠶國で、繭の產額が多く、生絲・絹織物の製造の技術も進んで、その製造高も多い。養蠶業の殊に盛なのは長野・群馬・愛知・埼玉の諸縣で、これらの諸縣では製絲業も盛である。

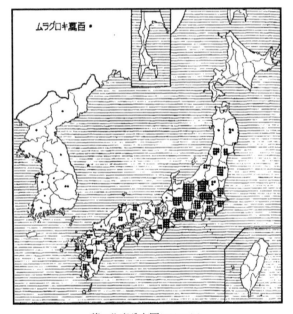

繭の生產分布圖(昭和三年)

生絲は我が國第一の輸出品で、主として橫濱・神戶からアメリカ合衆國へ送られる。絹織物は京都・福井・群馬・石川の諸府縣に多く產し、富士絹・縮緬（ちりめん）・羽二

	重等は主な輸出品となつてゐる。
牧畜業	我が國は氣候・地味等の關係上、牧畜はあまり振はない。殊に羊の牧畜が盛でないから、近年著しく需要を增して來た羊毛は殆ど全部、毛織物は一部、これを外國から輸入してゐる。牛・馬は各地で飼養され、大てい需要を充たしてゐるが、まだ牛皮・牛肉は輸入が少くない。
林業	森林はその面積が我が國の總面積の約二分の一に當つてゐて、各地で木材が伐出されてゐる。木材の主なものは木曾谷・阿里山のひのき、米代川・紀川各流域の杉、鴨綠江流域のべにまつ・さあすん・からまつ、北海道本島・樺太のえぞまつ・とゞまつである。
	製材の業も處々に發達し、秋田縣の能代港、臺灣の嘉義、朝鮮の新義州には大きな製材所がある。
	木材は産額が少くないにもかゝはらず、需要が年々增加するので不足を告げ、アメリカ合衆國・シベリヤ・カナダから輸入してこれを充たしてゐる。
	木材を原料とするパルプの製造業及び製紙業は近年大いに發達し、北海道本島・樺太等で生産する高が次第に增加して、今や需要の大部分を充たしてゐる。
鑛業	我が國の鑛産物の中、最も重要なものは石炭で、主として筑豐・三池・石狩・常磐の諸炭田で採掘され、若松・三池・室蘭等の諸港から積出される。無煙炭は平壤附近の炭田から産し、我が國には餘り多くない。
	鐵鑛は黃海道、內地の釜石から産するほか見るべきものがなく、支那やマレー半島から輸入してゐる。しかし

諸種の工業が發達するにつれて鐵の需要は益益增加する
ばかりで、供給はなほ大いに不足するので、アメリカ合
衆國・ドイツ・イギリス及び印度から鐵や鐵材を多く輸
入する。

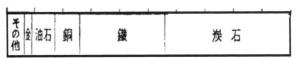

我が國の主な鑛產物の產額の比較
總產額約六億三千萬圓(昭和三年)

その他	金	油石	銅	鐵	炭 石

我が國の主な銅產地の產額の比較
總產額約五千五百萬圓(昭和三年)

他のそ	立日	關賀佐	坂小	尾足	子別

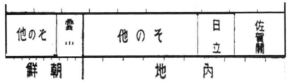

我が國の主な金產地の金の產額の比較
總產額約二千萬圓(昭和三年)

その他主な鑛產物には銅鑛・金鑛・石油がある。我が
國は世界に於ける銅の主要な產地で、別子・足尾・小
坂・佐賀關・日立等の諸鑛山では銅を採掘製錬する額が
甚だ多い。

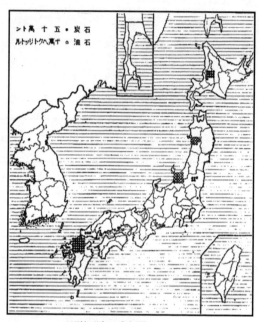

石炭石油の分布圖(昭和三年)

金鑛は大分・茨城・鹿兒島の諸縣、北海道本島の北東部、朝鮮の北西部に產し、その製錬高の多い所は佐賀關・日立・雲山である。石油の原油は主として新潟・秋田の二縣で產するが、近來石油の需要が急激に增加してきたので、到底國產のものだけでは足りないから、アメリカ合衆國やマレー諸島及びロシヤから多量の原油や製品を輸入してゐる。また近時我が國は北樺太の油田の一部の採掘權を得て、この不足の一部を補つてゐる。

水產業　　我が國の近海には暖流や寒流が流れてゐて、それぞれ特有な魚類が多く、したがつて我が國は古來水產業が盛で、今では世界第一の水產國となつてゐる。近年漁港の

設備をはじめ、漁船・漁具等が改良せられると共に漁場が大いに廣まり、遠く小笠原諸島やカムチャッカ半島の近海に出漁するものさへある。

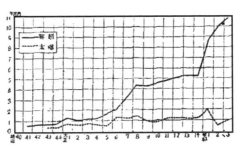

朝鮮樺太に於ける水産物の増加表

漁獲物の中、いわしは全國各地の近海でとれるが、かつを・まぐろ・たひは暖流の流れてゐる太平洋近海及び東支那海でとれ、にしん・かには寒流の流れてゐる北海道・樺太・北鮮の近海でとれる。

かに工船内の作業

水産物の主な集散地は下關と函館である。下關が首位を占めてゐるのは魚類の豊富な朝鮮近海の漁場をひかへ

てゐるからである。

　水産製造物の主なものはかつをぶしをはじめとし、しめ粕・干物・鹽物・罐詰等である。その中輸出品として重要なのはかにの罐詰、するめ・こんぶ等である。

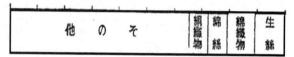

我が國の主な工業品の産額の比較
總產額約八十億圓(昭和三年)

　製鹽業は瀨戸內海の沿岸に發達してゐる。その他朝鮮臺灣・關東州でも行はれてゐるが、それでもなほ不足を告げるので、支那から輸入を仰いでゐる。

我が國に於ける水力發電所の分布圖

工業	我が國のやうな國土の狹く、人口の密度の大きい國では工業の發達をはかることが産業上有利である。我が國は石炭の産額が多い上に、川の流の早いのと水量が豐かなのとで、水力の利用が容易であるから動力が多く得られる。したがつて交通機關の發達、學問・技術の進歩と共に、工業は近年長足の發達をなし、各地に諸種の大工場ができて、主として機械力によつて、內國産の原料からは勿論外國産の原料からも多量の工業品を製してゐる。

絹織物の生産分布圖(昭和三年)

　これがため今では我が國は世界有數の工業國となつてゐる。殊に阪神地方・京濱地方・北九州・名古屋附近は

何れも國內の主な工業地區であつて、製品の種類も產額も極めて多い。

工業品の最も主要なものは純國產の生絲・絹織物と、外國から輸入した綿で造つた綿絲・綿織物とである。これらの產額はそれぞれ他の工業品の產額を遙かに凌いでゐるばかりでなく、我が國の貿易の盛衰と密接な關係を有してゐる。また織物の發達に伴なつて染色工業も進步して來た。

その他の工業品の主なものには酒・煙草・毛織物・人造肥料・砂糖・洋紙・麥粉・アルコール・ビール・工業用藥品・醬油・陶器・メリヤス等がある。

これらの工業品は國內の需要を充たすのみならず、外國へ輸出するものもあるが、外國から輸入してその需用を充たしてゐるものもある。

我がアメリカ航路の大きな汽船

交通　產業の發達に伴なつて、道路や鐵道も著しく延長して、陸上交通が便利となつたのはいふまでもなく、國內の諸港は航路が互に連絡し、その主なものは諸外國の諸

港とも航路が相通じて、內外共に海上交通の便が大いに開けて來た。また航空の事業も既に實用に供せられるやうになつた。

旅客飛行機

道路　近時自動車交通の發達に伴なつて道路は著しく改善され、その價値が一層まして來た。

自動車の分布圖(昭和五年)

鐵道	鐵道の延長は約二萬七千キロメートルである。幹線は東京を中心とし、北は奧羽地方・北海道本島を經て樺太に至り、南は中部・近畿・中國の諸地方を經て九州の南部まで及んでゐる。また朝鮮を縱に走つてゐる幹線があつて、滿洲の我が南滿洲鐵道に連絡してゐる。これらの幹線を連絡するために海上には鐵道連絡船が往來してゐる。鐵道が最もよく發達してゐるのは關東平野・濃尾平野、近畿地方の諸平野、九州北部の諸平野等である。

最新式蒸氣機關車

航路	川は急流が多いため舟運は餘り發達しないが、四面が海で且つ海岸線の出入に富んでゐるから、海上の航路がよく發達してゐる。航路は横濱・神戸・大阪を主な起點として內外各地の諸港に通じ、我が國は今では世界有數の海運業國として知られるやうになつた。汽船の總噸數は約四百萬噸で、中には一萬噸以上のものも少くない。

航空路	航空路の主なものは東京を起點として大阪に至り、更に福岡・蔚山・京城を經て滿洲の主要地に至るものである。東京大阪間は僅かに二時間半、京城東京間は九時間半で飛行する。

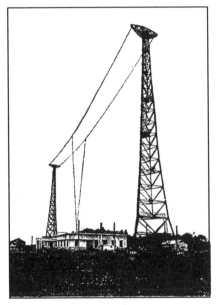

東京中央放送局
新郷(しんがう)放送所

通信	郵便・電信・電話は國內到る所に通じてゐて、通信の便は殆ど完備してゐる。 外國航路が發達するにしたがつて、諸外國との通信は益益便利となり、海底電線・無線通信によつて世界の各地と連絡してゐる。また近來ラヂオも盛に利用されてゐる。

商業・貿易	我が國內の商業は大阪と東京の二大中心地に支配されてゐる。産業が發達し、交通が進步すると共に貿易も盛になり、年貿易額は四十四億圓を超えてゐる。したがつて我が國は今では世界の主な貿易國の一つとなつてゐる。

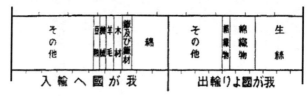

主な貿易品の貿易額の比較
總輸出額約二十億圓　　總輸入額約二十四億圓(昭和三年)

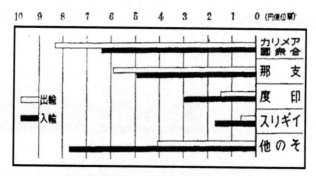

主な貿易取引先の貿易額の比較(昭和三年)

　輸出品の最も主なものは生絲で、これに次ぐものは綿織物・絹織物である。

　輸入品の最も主なものは綿で、これに次ぐものは鐵・鐵材・木材・羊毛・機械・豆粕である。

　我が國の貿易は主として神戸・横濱の二港をはじめ大

阪・名古屋・門司等の諸港で行はれ、主な取引先はアメリカ合衆國・支那・滿洲國・印度・イギリス・マレー諸島・ドイツ・オーストラリヤ等である。

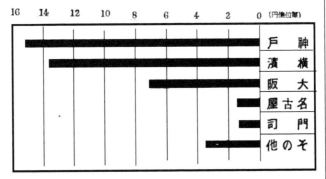

主な開港場の貿易額の比較(昭和三年度)

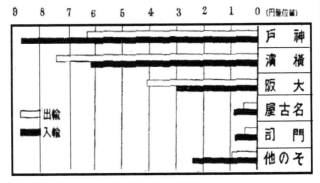

主な開港場の輸出入額の比較(昭和三年度)

人口　國民の總數は九千萬を超え、人口の増加する割合も多く、密度は一平方キロメートルに百三十四人で、世界屈指の密度の大きい國である。密度の最も大きい地方は産業・交通の發達してゐる關東地方・近畿地方等である。

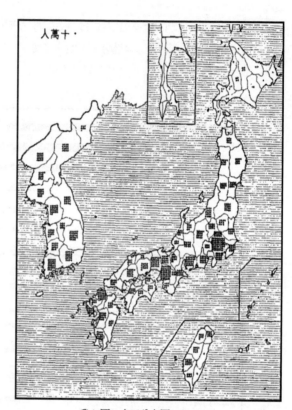

我が國の人口分布圖(昭和五年)

第十五 大洋洲(たいやうしう)

　大洋洲は、我が南洋委任統治地及びそれに隣る太平洋の中部から南部にかけて散在してゐる大小あまたの島々と、オーストラリヤ(濠:がう洲)大陸とをいふ。その大部分は南半球にある。

　總面積はヨーロッパ洲より稍稍小さい。またオーストラリヤ大陸は世界大陸中で最も小さい。人口は凡そ九百萬、その中十分の七は白人で、他は主に土人である。

　本洲は、大部分はイギリスに、一部分は我が國・フランス・アメリカ合衆國・オランダの諸國に屬してゐる。

　オーストラリヤ大陸は大體高原狀で、東部は稍稍高く、山脈は海岸に沿うて南北の方向に走つてゐる。中部から西部へかけては寒暑の差が甚だしく、雨量が極めて少く、大部分は沙漠または草原となつてゐる。南東部のみは溫和で、山地には雨量も多く、そこから水量のある川が流れ出てゐる。

オーストラリヤに於ける牧羊

産業	土地が開けてからまだ日が淺いのと、雨が少く不毛の土地が多いのとで、産業は一般に不振である。しかし氣候の溫和な南東部では灌漑も行はれ、農業・牧畜が發達してゐる。中にも小麥の栽培や羊・牛の牧畜が最も盛で、羊毛の産額は世界第一である。また小麥・肉類の産額も甚だ多い。これらの大部分はイギリス本國へ輸出され、一部分は我が國へ輸出される。その他金・石炭等の鑛産物も少くない。

羊毛の刈取り

他 の そ	ニュージーランド	南アフリカ聯邦	アルゼンチン	合衆國	ロシヤ	オーストラリヤ

世界に於ける羊毛の産額比較
總産額約百六十萬噸(昭和三年)

シドニー港

都會

　南東部はかやうに氣候がよく産業も盛であるから、都邑も發達してきた。中でもシドニーとメルボルンは良港で、貿易が盛に行はれてゐる。これらの諸港と我が國との間には航路が開けてゐて、我が國からは絹織物を輸出し、この兩港からは羊毛・小麥等を輸入する。首府カンベラはシドニーの南西にある。

諸島

　太平洋上の諸島はニュージーランド諸島の如き一二の島のほかは小さい島島で、大てい火山島か或は低い珊瑚礁である。熱帶内にある島々も海洋の影響を受けて氣候は割合にしのぎやすい。小さい島が多い上に、住民も未開なものが多いから、産業は發達してゐない。しかし太平洋上の交通の要路に當つてゐるために、政治上・軍事上重要な島々が少くない。

珊瑚礁を持つた火山島

ニュー
ジーランド

ハワイ諸島

　ニュージーランドはイギリスの領地で、氣候が溫和で羊毛の輸出額も多く、小麥も產する。

　ハワイ諸島は太平洋の交通上重要な所にあつて、アメリカ合衆國に屬し、土地がよく開けてゐて、さたうきびの栽培が盛である。住民の十分の四は我が國人で、その數は約十四萬である。ホノルルはこの諸島の中心地である。

ホノルル港

第十六　アフリカ(阿弗利加)洲

位置・區域

　アフリカ洲は印度洋を隔ててオーストラリヤ大陸の西に位し、北は地中海を隔ててヨーロッパ洲に對し、スエズ地峽で僅かにアジヤ洲に陸つゞきになつてゐる。大きさは世界第二の大陸で、大部分はイギリス・フランス等歐洲諸國の領地となつてゐる。

地形

　アフリカ大陸は北部が廣く南部が狭い。大體高原状で、ナイル川・コンゴ川等の大河もあるが、高原が海岸近くまで迫つてゐる所が多いので、大ていの川は下流が急流や瀧等になつてゐる。海岸線の出入は極めて少い。

氣候

　大陸の大部分は熱帶にあつて、暑さがきびしい。中部の地方は雨量が多いので大森林をなしてゐるが、北部の內陸は雨量が少く世界第一のサハラの沙漠や廣い草原がある。

ナイル川の洪水とピラミッド

北部地方	エジプト國はナイル川の下流にある。ナイル川は毎年夏季になると氾濫(はんらん)して上流から運ばれて來る肥えた土が沿岸の平地に堆積するので、昔から農業が發達し、棉や穀類がたくさんとれる。 カイロはエジプトの首府で、その附近には古代の文明を物語るピラミッドやスフィンクスがある。
東部地方	大陸の東海岸にある諸港と我が國との間には、近時航路が開けて直接に貿易が行はれ、我が國から綿布を輸出し、此の地方から綿やソーダを輸入する。
南部地方	イギリス領の南アフリカ聯邦は世界中で金や金剛石の主産地である。大陸の南端の喜望峯に近いケープタウンは、印度洋・大西洋間の交通上の要地で、我が國の汽船も寄港する。
	 スエズ運河
交通	本大陸は地形上良港灣に乏しく、川も海との連絡が惡く、氣候も不良なので、開け方がおそく、交通は發達しなかつた。しかし近年カイロからケープタウンに至る縱

貫鐵道の工事が進んでゐるから、これが完成すると、交
通も次第に便利になるであらう。スエズ地峽を切開いた
スエズ運河は長さ約百六十キロメートル、ヨーロッパ洲
とアジヤ洲との海上交通の幹線で、船舶の往來がたえな
い。

第十七　南アメリカ(南亞米利加)洲

位置・區域

　南アメリカ洲は大西洋を隔ててアフリカ洲の西に位してゐる。本洲は、僅かの植民地を除いた大部分はブラジル・アルゼンチン・チリー等の國に分れてゐる。

地形

　本洲は北に廣く南に狹いほゞ三角形の大陸で、地形上大體西部・中部・東部の三つの部分に分れてゐる。

　西部には太平洋の海岸に沿うて南北に走つてゐるアンデス山脈があつて、本洲の大分水嶺をなし、これに沿うてあまたの火山がそびえてゐる。この山脈は土地が甚だ高くてけはしく、太平洋岸に急に傾いてゐる。

　東部にはブラジル山地があるが、これは一般に高原状になつてゐて、あまり高くない。

　この兩山地の間には廣い平地があつて、その北部にはアマゾン川が東に向つて流れ、南部にはラプラタ川が南に向つて流れてゐる。何れも水量が多く、流がゆるやかである。

アマゾン川の沿岸の密林

氣候　　この大陸の北半分は熱帯にあるので、低地は暑さがはげしく濕氣も多く、アマゾン川流域は大森林におほはれてゐる。ブラジルの高原と、溫帯に屬する南部の低地とは氣候が溫和で、雨量は割合に少い。

コーヒーの實

コーヒーの收穫

産業　　ブラジルのアマゾン川流域は氣候が健康に適しないから産業も發達せず、たゞ大森林中のゴムの木からゴムが

採集される位である。これに反してブラジル高原はコーヒーの栽培に適し、世界の總産額の大部分を産出し、主としてサントス港から各國に輸出される。ブラジルの南部、アルゼンチンの北部及びチリーの中部は氣候・地形共に農業・牧畜に適するので、諸外國からの移民が多い。しかし未だ人口が面積の割合に著しく少いので、移民を歡迎してゐる。アルゼンチンは多くの小麥を産し、また羊や牛の牧畜も盛である。それ故羊毛・皮類・肉類の産額も甚だ多く、小麥と共に主としてブエノスアイレス港から各國に輸出される。

交通

都邑

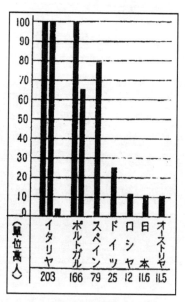

ブラジルに於ける各國移民の比較

これらの國と諸外國との間には船舶の往來が盛であると共に、內陸の農牧地では鐵道がよく發達してゐる。

都會の主なものはブラジルの首府リオデジャネーロ、コーヒー栽培の中心地サンパウロ、アルゼンチンの首府ブエノスアイレス及びチリーの首府サンチヤゴ等である。

サンパウロ

我が國との
關係

　ブラジルやペルーをはじめ、この大陸の各地には我が
國の移民が活動してゐる。大西洋方面にあるリオデジャ
ネーロ・サントス・ブエノスアイレスの諸港及び太平洋
方面にあるバルパライソ港、ペルーのカイヤオ港と、我
が横濱・神戸との間には定期航路があつて、我が國の汽
船の往來するものが次第に多く、サントス・カイヤオは
我が移民の上陸地である。したがつて彼我の貿易も次第
に發達して來た。

南米に於ける我が國人の村

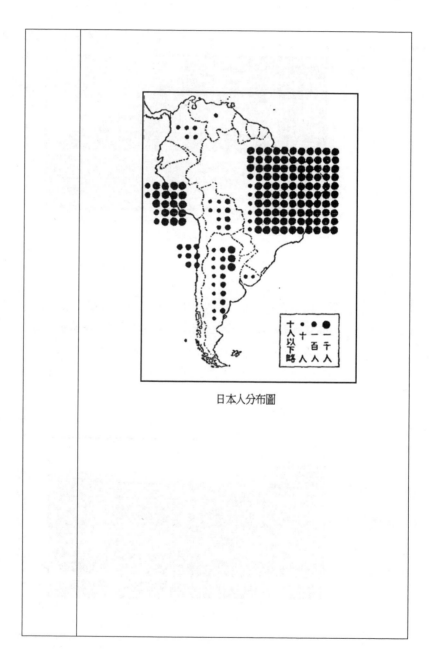

日本人分布圖

第十八　北アメリカ(北亞米利加)洲

位置・區域

　北アメリカ洲は北半球の新大陸で、南アメリカ洲の北に位し、これと細長い地峽でつゞいてゐる。北西はベーリング海峽を隔ててアジヤ洲に對してゐる。面積はアジヤ洲の約二分の一、人口は約七分の一である。

　カナダをはじめ、イギリスの領地が處々にあるが、その他は大小あまたの國々に分れてゐる。多くは國力が振はないが、たゞひとりアメリカ合衆國は世界主要國の一つである。

ロッキー山脈

地形

　本大陸はほゞ三角形で、地形は大體南アメリカ洲に似て、東西兩高地と中央の低地との三部に分れてゐる。

　西部高地のロッキー山脈は南北に長い雄大な山脈で、大分水嶺をなし、中央部は山脈がいくすぢにも分れ、そ

の間に高原や盆地をはさんでゐる。またアジヤ洲の太平
洋岸を走る火山帯はアリューシャン列島を通つて本大陸
に入り、西部の高地に沿うて走つてゐる。

　東部のアパラチヤ山脈はロッキー山脈に比べると甚だ
低い。

ナイヤガラの瀧

　これら東西兩高地の間には廣い低地がある。これは南
北兩斜面に分れ、その分水界の附近にはスペリオル湖・
ミシガン湖等のいはゆる五大湖がある。北部の平野は主
としてセントローレンス川の流域とハドソン灣の斜面
で、南部の平野はミシシッピ川の流域である。ミシシッ
ピ川は世界第一の長流で、水量が豊かで流れもゆるやか
である。

合衆國に於ける小麥の收穫

農業・牧畜業

　北部の平野が産業の進んでゐないのは寒さがはげしく一年中大てい凍結して凍原が多いからで、南方に行くにしたがつて氣候も溫和になり地味も肥え、灌漑の便もよいので、農業・牧畜業が何れも大規模に行はれてゐる。カナダの南部からメキシコ灣の沿岸に至る地方は世界で有名な農業地帶で、氣候の關係からその北部には小麥、中部にはたうもろこし、南部には棉が栽培され、合衆國はその産額が何れも非常に多い。また牛・豚の頭數が極めて多いが、これは飼料のたうもろこしが多いからである。

　その外氣溫の高い南部の西印度諸島にはさたうきびが栽培され、殊にキュバ島は世界で最も有名な砂糖の産地である。

　合衆國の太平洋沿岸のカリフォルニヤ州は極めて溫暖で、オレンジ・ぶだう等を産するので名高い。

林業	カナダの東西兩部と合衆國の西部には大森林があつて木材の產出が多く、パルプの製造が盛である。木材やパルプは我が國にも多く輸入される。
水產業	カナダから合衆國の北東部へかけての大西洋岸は水產物が豐富で、たら・にしん等の漁獲が極めて多い。殊にニューフォンドランド島の近海は世界屈指の大漁場である。またカナダやアラスカの太平洋沿岸の川ではさけが多くとれ、我が國の移民でさけの漁業に從事する者がある。
鑛業	鑛產物は甚だ豐富で、合衆國の鐵・銅・石炭・石油、メキシコの銀等は何れもその產額が頗る多く、銅と石炭は世界總產額の約二分の一、石油は約四分の三を占めてゐる。石油の主な產地は北東部の高原、中部地方の平野及びカリフォルニヤで、我が國も合衆國から石油をたくさん輸入する。鐵鑛はスペリオル湖附近で多く產する。この鐵鑛は五大湖を利用して、石炭を多く產する北東部に送られて製錬される。

合衆國の太平洋沿岸の油井

工業	かやうに工業原料や燃料が豊かな上に水力を利用した動力も多いから、製鐵・機械、各種の織物、製粉等の大工業が發達してゐる。しかしこれらは合衆國が主で、その他の地方は餘り盛でない。
交通・商業	鐵道は合衆國及びカナダの南部に最もよく發達し、大陸を横斷して太平・大西の兩洋を連絡する幹線がいくつもある。また自動車の利用も極めて盛で、自動車の數は世界總數の約四分の三に當つてゐる。

合衆國に於ける自動車の工場

五大湖・ミシシッピ川及びセントローレンス川等は運河によつて連絡され、内陸の水運がよく發達してゐる。

外國航路は大西洋方面からヨーロッパ洲の諸港に通ずるものが最も多い。また太平洋方面からアジヤ洲の諸港に通ずるものも次第に増加してゐる。

パナマ運河は合衆國によつてパナマ地峽を切開いて造られた水門式の大運河で、延長八十キロメートルある。この運河が開通してから大西・太平の兩洋を連絡する航路はその距離が著しく短縮され、世界の交通の上に大き

な影響を與へるやうになつた。またこの運河は軍事上にも重要なものである。

　合衆國は産業も交通もよく發達してゐるから商業が盛で、貿易額の多いことではイギリスと肩を並べ、年額百五十億圓に達してゐる。また輸入額に比べて輸出額が遙かに多い。

バンクーバー港

カナダ

　カナダの東の門戸はモントリオールで、西の門戸はバンクーバーである。バンクーバーには我が國の航路が開け、その附近に我が國人も在住してゐる。首府はオタワである。

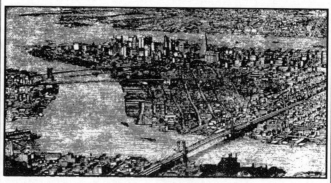

ニューヨーク港

合衆國

サンフランシスコ港

　合衆國の東部地方は早くから開け交通も便利で、各種の産業がよく發達してゐるから大都會がたくさんある。中でもニューヨークは人口約六百萬、ロンドン・東京と共に世界の大都會で、貿易額の多いことは世界第一である。その南にあるフィラデルフィヤは大都市、ワシントンは首府である。

綿の集積

中部のシカゴは交通の要路に當り、ニューヨークに次ぐ大都會で、農産物の大集散地であり、工業も盛である。ミシシッピ川の川口近くにはニューオルリヤンスがあつて、ガルベストンと共に綿の積出が盛で、我が國の汽船も寄港する。

合衆國の太平洋沿岸に在住する我が國人の農園

シヤトル・サンフランシスコ・ロスアンゼルス等は太平洋岸に於ける重要な都市で、何れも我が國との關係が深い。

我が國と合衆國との主な貿易品の貿易額
總貿易額約十五億圓　輸出超過約二億圓(昭和三年)

我が國との關係	北アメリカ洲と我が國とは太平洋を隔てて相對し、彼我の交通もひんぱんで、貿易も大いに盛になつて來た。殊に合衆國との貿易が盛で、我が國貿易額の五分の二はこの國との取引で、我が國は綿・木材・鐵類・機械・自動車・小麥・石油等を輸入し、生絲・絹織物・茶・陶磁器等を輸出する。また太平洋岸の各地には我が國人の在住する者が多く、合衆國には約十四萬の同胞が農業・水産業等に從事してゐる。

第十九　アジヤ(亞細亞)洲

一　總論(一)

位置・區域

　アジヤ洲は北半球にある舊大陸で、ヨーロッパ洲と共に一つゞきの大陸をなし、南方にはたくさんの島がある。本洲の面積は世界陸地の三分の一で、その住民の總數は約十一億、世界人口の約二分の一を占めてゐる。

　世界中で最も早く開けた地方であるが、我が國・滿洲國・支那・シャム等を除く他は歐米諸國の領地である。

ヒマラヤ山脈

地形

　世界の屋根といはれるパミル高原を中心として高い山脈が諸方に走つて、本洲の主な分水嶺になつてゐる。中でもヒマラヤ山脈は世界で最も高い雄大な山脈で、主峯エベレスト山を始め、八千メートル以上の高い山々が聳(そび)えてゐる。これらの山脈の間には西藏・蒙古等の廣大な高原がある。またこれらの山脈の南西にはイラン

高原・アラビヤ高原等があつて、そこには廣い沙漠や草原となつてゐる所が多い。

黄河の鐵橋

中央部の高地と海岸との間には諸方面に低い大平地がある。北にはシベリヤの平原があり、東には支那平野があり、南には印度平野がある。シベリヤの平原にはオビ川やエニセイ川が流れ、支那平野には黄河(くわうが)や揚子(やうす)江が流れ、印度平野にはガンジス川やインダス川が流れてゐる。

大陸の東の緑には日本列島からマレー諸島に至るたくさんの島々があつて、これらに沿うて火山帯がある。

アジヤ洲は廣い地域にわたり、地形も複雑であるから、氣候も所によつていろいろ異つてゐる。シベリヤは緯度が高いために低温で、殊に冬の寒さがきびしく、その北部は凍原である。南東部の支那の海岸地方は氣候温和で、夏季は雨量も多く、南東アジヤ及び印度地方は熱帯内にあるため年中高温で、雨量も極めて多い。内陸地方は寒暑の差が甚だしく、また雨量も少なく、草原や沙漠がある。

氣候

二　滿洲國

位置・區域

　　滿洲國は朝鮮の北西に位し、豆滿江・鴨綠江及び長白山脈を以つて國境とする我が國の接壤地域である。北は黑龍(こくりゆう)江を境としてシベリヤに接し、南は渤海(ぼつかい)に臨み、西及南西は支那に接してゐる。

面積

　　滿洲はもと支那の一部で、奉天・吉林(きつりん)・黑龍江の三省であつたが、獨立して滿洲國となると共に東部內蒙古を加へて熱河(ねつか)・興安(こうあん)の二省を新に置いた。面積は約百二十萬平方キロメートル、我が國の約一・八倍に當つてゐる。

地形

　　滿洲國の西から北にかけて興安嶺が高原の形をして横たはり、東から南東にかけては白頭山を中心として長白山脈が長く連なつてゐる。平野はこれらの山地に圍まれて中央部に、廣く南北に續き、南の一方が渤海に向つて開いてゐる。公主嶺(こうしゆれい)附近が稍稍高地になつてゐて、自然に此の平野を二分し、北部には松花(しようくわ)江、南部には遼河(れうが)が流れてゐる。松花江は源(みなもと)を白頭山に發し北西に流れ、嫩(のん)江を合はせて北東に向ひ黑龍江にはいつてゐる。遼河は興安嶺の南部から流れ出て渾河(こんか)・太子河(たいしか)を合はせ渤海に注いでゐる。滿洲國の海岸線は長くないが、遼東(れうとう)半島が南に突出してゐる。

氣候

　　滿洲國は大陸性の氣候の著しいシベリヤや支那領の蒙古に接し、海に面する所が少く、その上長白山脈が海風をさへぎるので、寒暑の差が朝鮮よりも甚だしく、殊に冬は寒さが朝鮮よりはげしい。夏は割合に氣溫が高い。

雨は七八月に多いが一年を通じて一般に少く、空氣が乾
燥してゐて晴天の日が多い。

長春に於ける大豆の野積み

産業

満洲平野は廣くて地味が肥え、春から夏にかけての氣
温が割合に高く、雨もこの季節に多いので農作物の發育
に適し、したがつて農業が盛である。

大豆の貯藏所

| 農業 | 主要な農產物は大豆で、年產額が五百四十萬キロリットルを超えてゐる。大豆は多量に輸出されるばかりでなく、豆粕・豆油の製造の原料にも用ひられる。豆粕・豆油は主として大連・營口で製造せられ、大豆と共にこゝから積出して、大部分は我が國に送られる。その他高梁（かうりやう）・粟・たうもろこし・小麥等の產額も多く、また麻・果樹等の栽培も盛である。これらの農作物は乾燥した氣候に堪え得るから、この地方に適するのである。農業の最も盛なのは南滿洲平野である。北滿洲は冬の期間が長く、寒氣がはげしいので、農業は南滿洲ほど盛でないがたゞ小麥の產額が多く、麥粉として輸出されるものも少くない。ハルビンは製粉業の中心地である。近年水田が各地に開け次第に米の收穫を增しつゝある。これらの耕作に從事するものには朝鮮から移住した者が多い。その區域は南滿洲は勿論北滿洲の三姓（さんせい）までにも及んでゐる。また南部地方では柞蠶（さくさん）業も盛である。

安東の支那筏 |

牧畜業	牧畜は北部に盛で、馬・牛・豚・山羊・緬羊(めんやう)等が多く、各種の獸毛・獸皮を産する。殊に緬羊の飼養に注目し、品種の改良や産額の増加につとめてゐる。
林業	滿洲の東部山地には朝鮮の北部に續く大森林がある。鴨綠江流域の森林地方では、我が國人と彼の國人との協同の會社があつて木材を伐出してゐる。その大集散地は新義州の對岸にある安東で、こゝでは製材業も盛である。また松花江流域の木材は吉林に集散し、建築用材や製紙原料・マッチ材料等を供給してゐる。
水産業	遼東半島の沿岸の各地では表朝鮮の如く天日製鹽が行はれてゐる。近海ではたひ・たら・ぐち等がとれ、遼河や松花江には多く川魚を産する。

撫順炭坑の露天掘

鑛業	鑛產物の主なものは石炭・鐵鑛・砂金等で、中でも奉天の東にある撫順(ぶじゅん)炭坑は東洋屈指の大炭坑で、我が南滿洲鐵道株式會社に屬してゐる。こゝで採掘される石炭は大連から外國にも積出される。なほこのほか本溪湖(ほんけいこ)・煙臺(えんだい)の炭坑、鞍山(あんざん)・廟兒溝(みやおるこう)の鐵山等我が國人の關係してゐる鑛山が少くない。砂金は主に北部に產する。
工業	滿洲は原料や燃料等に富んでゐるので、工業を興すのに適してゐる。現在盛なのは製油業・製粉業及び釀造(ぢやうざう)業であるが、製鐵・製材・織布(しよくふ)・製革(せいかく)・煙草及びパルプ製造等も行はれてゐる。

鞍山製鐵所

交通 鐵道	南滿洲鐵道の本線は大連を起點として北に向ひ、奉天に於て安奉線及び奉山線と會し、更に北に向ひ新京(しんきやう)に至つて東支鐵道と連絡する。

新京停車場

　この東支鐵道は新京から北のハルビンに至つてウラヂボストックから來る東支鐵道と會し、北西に進んでシベリヤ鐵道の幹線と連絡してヨーロッパ洲に通じてゐる。安奉線は鴨緑江の鐵橋によつて朝鮮の鐵道と連絡し、朝鮮及び内地と満洲及びヨーロッパ洲とを連絡する一幹線をなしてゐる。奉山線は山海關で支那の鐵道と連絡してゐる。その他奉天から吉林に至る線や南満洲鐵道の四平街から鄭家屯(ていかとん)・洮南(たうなん)・昂々溪(かうかうけい)を經て齊々哈爾(ちゝはる)に至る線等もある。また新京から朝鮮の會寧に至る線も大部分完成せられてゐる。

道路
　道路は修築が不充分で砂塵(しやぢん)が多く、雨天の時は車軸(しやぢく)を沒(ぼつ)するのが常である。しかし冬季は土が凍つてよい道になるので奥地の農産物等はその時期を待つて運送されるのが普通である。

水運
　遼河・松花江・黑龍江は何れも流がゆるやかで水運の便が多く、この國の主な交通路となつてゐる。松花江は

商業	ハルビンまで汽船が通ひ、吉林まで小汽船が通つてゐる。また遼河では汽船の便は營口附近のみであるが、小舟は遠く鄭家屯までさかのぼることができる。これらの諸川は冬凍ると車馬が自由に氷上を往來することができる。 　海上の交通は大連・營口・安東を中心として我が國をはじめ、支那及び諸外國との間に盛に行はれてゐる。 　産物の增加につれて貿易は年と共に盛となつた。北滿洲ではハルビン・ポクラニーチナヤ・滿洲里(まんちゆうり)、東部滿洲では渾春(こんしゆん)及び間島の龍井村(りゆうせいそん)・局子街(きよくしがい)で陸上貿易が行はれてゐるが、南滿洲は北滿洲よりもよく開けてゐるので、貿易も一層盛である。主な開港場は大連・營口・安東で、輸出品は滿洲の特産といはれてゐる豆粕・大豆を主とし、石炭・粟・豆油・高梁・柞蠶絲等が之に次ぎ、輸入品は綿織物を主とし、綿絲・麻袋・鐵類・機械類・麥粉等で、取引先は我が國をはじめ、支那・ロシヤ・アメリカ合衆國等である。
住民	滿洲國に在住してゐる我が國人は百十餘萬人で、その內朝鮮から移住したものは九十萬を超えてゐる。ロシヤ人は北滿洲に多い。滿洲國の總人口は約三千萬人、その大部分は漢族(かんぞく)で、外に滿洲族・蒙古族等がある。漢族は支那の河北・山東・山西等の各省から移住したものである。滿洲族は昔からこの地にゐたものであるが、今はその數が少くなつてゐる。蒙古族は西部に住み、主に牧畜と農業を營んでゐる。

| 都邑 | 新京の市街 満洲の政治の中心は長い間奉天にあつたが、滿洲國の成立と共に新京が首府となつた。新京も奉天も城壁に圍まれた舊市街と、鐵道附屬地の新市街とが並んでゐる。奉天の市街 新京は諸鐵道の連絡點で、商工業が盛である。殊に大豆の輸送の盛なことは南滿洲鐵道沿線中第一で、製油・製粉・マッチ製造等の工場がある。奉天も諸鐵道の會合點に當り、商工業が盛で、製麻・毛織物等の工場がある。 |

ハルピンの市街

　ハルビンは北滿洲の中心地で、鐵道の交叉點に當り、小麥・大豆を集散し、商工業が盛で、製粉・製油等の工場がある。この地はロシヤの滿洲經營の根據地であつた。

　安東は西鮮に最も近く、製材・製油・柞蠶工業が行はれ、それらの製品が輸出される。附近の五龍背(ごりゅうはい)は湯崗子(たうかうし)と共に滿洲に於ける有名な溫泉地である。間島は北鮮に近く、農產物及び鑛產物が豐かで、住民の大部分は朝鮮から移住したものである。間島の中心地は龍井村及び局子街である。琿春は東部滿洲の一中心地である。吉林は松花江の上流の中心地で、川上の森林から伐出した良材を流して來るから製材・マッチ製造等の工業が行はれてゐる。開原(かいげん)は大豆の集散が多く、公主嶺(こうしゆれい)には滿鐵農事試驗場がある。

龍井村の市場

ハルビンの北西にある齊々哈爾は北満洲の西部の中心地、鄭家屯は西部満洲の一門戸で、獸毛・獸皮・大豆等の集散地である。洮南・通遼(つうれう)は共に西部満洲の農牧地(のうぼくち)で、近時開拓(かいたく)が著しく進みつゝある。殊に羊の飼育は將來有望である。

　營口は遼河の江口の港で、遼河の水運による奥地への門戸である。しかし河が年々淺くなり、また港が結氷するので、貨物は大部分大連に奪はれるやうになつた。

　承德(しようとく)は古い都邑、赤峯(せきほう)は遼河上流の農牧の中心地で、生產品の取引が行はれてゐる。

我が國との關係　　満洲國は我が國の接壌地域で、國防上・貿易上・移民上極めて重要な關係にあるから我が國民はこの地を我が生命線であるとかたく信じてゐる。我が國が明治二十七八年、同三十七八年の兩戰役に於て莫大な犠牲をはらつたのも、また昭和六七年の満洲事變に於て我が將士が生死を賭して兵匪の掃蕩に盡くしたのも實にこの生命線の擁

護と東洋の平和のためである。今や滿洲國が新に興つて我が國と親善の國交を修めるやうになつたので、我が權益は確認せられ、東洋の平和の基礎が漸く確立するに至つた。

三 支那

位置・區域

支那(中華民: ちゆうくわみん國)はアジヤ洲の東部を占め、黄海・東支那海を隔てて我が國と相對してゐる。面積は我が國の約十四倍餘もあつて、人口が世界の總數の約五分の一もある大きな國である。

國內は支那本部と蒙古・新疆(しんきやう)・西藏等の數部に分れてゐるが、その中で開けてゐる所は支那本部のみである。

地形・氣候

西部は高くてけはしい山脈や高原からなり、黄河や揚子江等の大河はこの高地に源を發して東流し、その下流に廣い支那平野をつくつてゐる。海岸地方は、氣候は一般に溫和で雨量も多いが、內陸に行くにしたがつて氣候は大陸性となり、雨量も少く、寒暑の差も大である。西部や北部の高原地方は廣い沙漠となつてゐる。

農業・牧畜業

支那本部の住民は支那の總人口の十分の九を占め、大部分は支那平野に住み、農業に從事してゐる。北部の黄河流域は滿洲に似て、主に麥・豆・高粱を產する。これは雨が少く寒暑の差が甚だしいからである。中部の揚子江流域は氣候が溫暖な上に雨量が多いから米・茶・繭・棉・麻等の產額が多い。したがつて製絲・製茶・絹織物の業が發達し、殊に上海では紡績業が盛である。また南

部の珠(しゆ)江流域でも米・茶・繭等の産額が多い。生絲・絹織物・茶等はこの國の輸出品の主なもので、上海・廣東(かんとん)・香港(ほんこん)から輸出される。牧畜もまた盛で、豚・牛・馬・羊等が多い。

大 治 鑛 山

鑛業　支那本部には諸種の有用鑛物が豐富に埋藏されてゐる。しかし採掘されてゐるのはその一部分に過ぎない。鑛産物中最も主要なものは鐵鑛と石炭で、鐵鑛は大冶(たいや)鐵山で多く採掘され、石炭は主として北部の開平(かいびん)、中部の萍郷(ひやうきやう)及び山東の諸炭鑛等で採掘される。漢口(はんかむ)の對岸の漢陽(かんやう)では大冶の鐵鑛を原料とし、萍郷の石炭を燃料として鐵を製錬してゐる。大冶鐵山は我が國との關係も深く、その鑛石は多量に八幡製鐵所に供給され、漢陽の製鐵所で製錬された銑鐵もまた八幡製鐵所に送られてゐる。

工業　支那には原料は多いが、工業は未だ幼稚で、前に述べたもののほかは陶器・漆器の精巧なものを出す位である。

| 交通・貿易 | 支那平野は比較的交通が便利である。鐵道は外國の資本によつて敷設(ふせつ)されたものが多い。北寧(ほくねい)線は奉山線と連絡して奉天北平(ペーぴん)間を結び、平漢線は北平から漢口に至り、その對岸から南に向ふ粤漢(ゑつかん)線と連絡を保つてゐる。粤漢線は將來漢口と廣東を連絡する豫定である。また津浦(しんぽ)線は北寧線の要驛天津(てんしん)に起り、南の方揚子江下流の浦口(ほこう)に至つて、その對岸の南京(なんきん)から上海に至る鐵道と連絡してゐる。これらは支那の南北を縱貫する最も重要な鐵道である。このほか主な鐵道は膠濟(かうさい)線で、膠州灣沿岸の靑島(ちんたお)に起り、濟南(さいなん)に至つて津浦線に連絡してゐる。

揚子江は自然の大交通路で、江口から一千キロメートル上流にある漢口まで海洋を航行する汽船も自由に往來することができ、我が國の汽船も盛に交通してゐる。

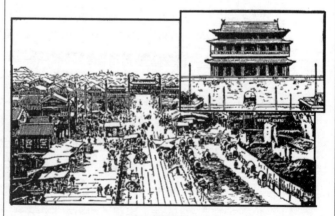
北平市街と城門 |

　支那本部は海岸線の出入が少く、良港に乏しい。海岸の主な港は青島と香港とである。しかし川を利用した港には天津・上海・漢口・廣東等の諸港があつて、共に水上交通の要地となつてゐる。中でも上海・香港の二港は我が横濱・神戸の二港と共に本州の太平洋方面に於ける交通及び貿易の大中心地となつてゐる。

青　島

上　海　港

| 都邑 | 支那本部はあまたの省に分れてゐるが、大體黄河流域の北部支那と、揚子江流域の中部支那と、珠江流域の南部支那とに分つことができる。 |

北部支那の北平はもとの首府で、天津はその門戸にあたり商業が盛である。靑島は我が國と關係の深い港である。

南京の埠頭

中部支那は最もよく産業が發達してゐる地方で、人口の密度も大で、したがつて都會も多い。上海は急速に發達した支那第一の商工業地で、都市の規模も壯大である。

南京は支那の首府で、漢口・漢陽・武昌(ぶしやう)は揚子江をはさんで向ひあつてゐる交通の要地である。

南部支那は我が臺灣と關係が深い。廣東は南部の中心地、香港はイギリスの領地で、イギリスの東洋に於ける軍事・交通の要港である。

我が國との
關係

香 港

　我が國は古來支那との關係が深く、その文明に負ふ所が多かつたが、近來我が國は新しい文化を支那に傳へて、その啓發につとめてゐる。

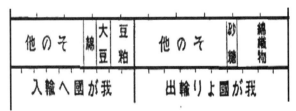

我が國と支那との主な貿易品の貿易額
總貿易額約十一億圓(昭和三年)
輸出超過約一億圓(昭和三年)

支那は國土廣く諸種の原料に富み人口も多いから、我が國は工業原料をこの國に求め、工業品を賣る市場として好適の地である。したがつて經濟上の關係も密接で、また貿易も益益發達し、支那からは豆類・鐵鑛等を輸入し、我が國からは綿布・砂糖・麥粉・紙・石炭等を輸出し、その取引額も多く、支那はアメリカ合衆國に次いで我が國の主な取引國となつてゐる。

四　シベリア

位置・區域

シベリアはロシヤの領地で、アジヤ大陸の北部を占め、我が國とも一部國境を接してゐる。その面積は我が國の十九倍もあるが、人口は七分の一に過ぎない。

凍原ととなかい

地形

地形は大體南部が高く、北部は廣い平野をなしてゐるから、大きな川は大てい南から北に流れて北極海に注いでゐる。たゞ黑龍江のみは東に流れて間宮海峽に注いで

ゐる。エニセー川の上流にあるバイカル湖は世界で最も深い湖である。

我が國人の漁業

氣候・産業

北部は凍原、中部は森林地帯で、共にまだよく開けてゐない。南部の平地は土地が肥沃で、夏の氣溫が割合に高いから、小麥の耕作や牛・羊の牧畜が盛である。また南部の山地には金・銀の鑛産物がある。

ウラヂボストック港

交通・都邑	太平洋方面の近海は世界で名高い大漁場で、夏季には我が國から出漁するものが甚だ多く、さけ・ます・たら・かに等の漁獲が多い。また沿海の川からはさけ・ますがたくさんとれる。 シベリヤはまだ土地がよく開けてゐないから人口の密度も小さく、したがつて都邑も少い。 ウラヂボストックは日本海に臨む港で、シベリヤの門戸である。我が國の敦賀港との間に定期航路が開かれてゐる。この地を起點とするシベリヤ鐵道は世界の鐵道の幹線の一部であつて、シベリヤを横斷してヨーロッパ洲の鐵道に連絡する。また東支鐵道によつて我が南滿洲鐵道とも連絡してゐる。イルクーツク・オムスク等はシベリヤ鐵道に沿つた都邑である。  樺太の油田
我が國との關係	シベリヤは朝鮮・樺太に於て我が國と國境を接し、接壤地域として重要である。また條約によつて鑛山・漁業等の利權を得てゐるから我が國人の在住するものも多い。近頃交通路が開かれるにつれて彼我の貿易も次第に盛になつて來た。

五　南東アジア

位置・區域	アジヤ大陸の南東部に位する印度支那半島及びマレー諸島を南東アジヤといふ。
地形・氣候	半島部には大陸からつゞく山地が南北に走り、主な川はその間を南流して、下流には肥沃な平野をつくつてゐる。島嶼部にはボルネオ島・スマトラ島等をはじめ、大小あまたの島があつて、南部は火山に富んでゐる。 この地方には赤道が通つてゐるため年中高溫で、四季の區別がなく、雨量も多く、したがつて植物もよく繁茂する。

マ　ニ　ラ　麻

産業・都邑	この地方は米の産額が多く、殊に半島部のラングーン・バンコク・サイゴン等は有名な米の集散地で、我が國へ輸出する額も少くない。そのほか熱帶的の産物が多く、半島部・島嶼部のゴム・コプラ・マニラ麻、オランダ領のジャワ島の砂糖等は何れも有名である。また鑛産物としては半島部の錫・鐵、ジャワ・スマトラ島の石油等が名高く、これらは砂糖・米と共に多く我が國へ輸出される。

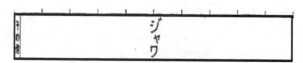

我が國へ輸入される粗糖
總輸入額約七千萬圓(昭和三年)

この地方はシャムのほかはフランス・イギリス・オランダ・アメリカ合衆國等の領地である。バンコクはシャムの首府、イギリス領のシンガポールは世界交通の要地で、貿易も盛である。

日本人の事業

フィリピン群島はアメリカ合衆國の領地で、その中心地マニラは商工業も發達し、マニラ麻を輸出する。我が國人の在住者も多い。

南東アジヤは我が國と近いので、近年我が國人の渡航するものが次第に多くなり、各地でいろいろな事業に從事してゐる。また我が國と航路もよく開け、汽船がマニ

ラ・シンガポール・バタビヤ・スラバヤ等に定期に往來
してゐるので、彼我の貿易も漸次に發達して來た。我が
國はこの地方から米・砂糖・石油等を輸入し、綿布その
他の工業品をこの地方に輸出する。

六　印度

位置・區域

印度はアジヤ大陸の南部に突出する半島である。イギ
リス領地の中で最も重要なもので、面積は我が國の約五
倍、人口は約四倍である。

カルカッタ港

産業・都邑

農業は古來印度の重要な産業で、住民の大部分は印度
平野と高原とでこれに從事してゐる。農産物の主なもの
はそれぞれの氣候に適する米・小麥・棉・ジュート麻・
茶等で、その産額も多く、我が國は多量の綿をこの國に
もとめてゐる。牛の飼養が盛で、牛皮の産額も多く、ま
た鐵の産額も多い。

その他	ロシヤ	支那	エジプト	印度	アメリカ合衆國

世界に於ける綿の產額の比較
總產額約五百六十萬噸(昭和三年)

工業はまだあまり盛ではないが、近時カルカッタやボンベーに於て紡績業・綿織物業が次第におこつて來た。カルカッタとボンベーは印度の東西の門戸で、交通や貿易が盛である。カルカッタからはジュート麻・茶等、ボンベーからは綿・小麥等の輸出が多い。セーロン島のコロンボは歐亞(おうあ)海上交通の要路に當り、また多く茶を輸出する。

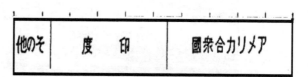

他のそ	度 印	アメリカ合衆國

我が國へ輸入される綿
總輸入額約五億五千萬圓(約五十八萬噸) (昭和三年)

貿易はイギリス本國との間に最も盛であるが、我が國との間にも次第に盛になつて來た。殊に我が國の汽船は定期に前記の諸港に往來してゐるので、この國からは綿・鐵等を輸入し、我が國から綿織物・綿絲・絹織物等を輸出する。

七　總論(二)

支那平野・印度平野は共に古來農業が大いに發達し、人口が甚だ密で、アジヤ住民の約十分の七はこの兩平野に住んでゐる。この平野に次いで開けてゐる所は印度支那半島の諸川の流域やマレー諸島である。シベリヤの平原、中央アジヤの平原及び蒙古高原等は住民が少く、産業も不振である。一般に農業・牧畜が主で、工業はまだ盛でない。

鐵道の發達は歐米(おうべい)に比べて遙に後れてゐる。たゞ印度・ジャワ・支那に於ては相當に發達し、またシベリヤに歐亞連絡の幹線がある。

太平洋及び印度洋は世界海上交通の要路で、その上日本・支那・印度等産業の開けた所がこの方面にあるから、船舶の交通が盛で、沿岸には港が多い。これらの港からは何れもヨーロッパ洲・南北兩アメリカ洲・大洋洲等の諸港に航路が通じてゐて、我が國及び歐米諸國の船がたえずその間を往來してゐる。横濱・神戸・上海・香港・シンガポール・コロンボ等はアジヤ洲に於ける海上交通及び貿易の中心地である。

第二十　ヨーロッパ(歐羅巴)洲

位置・區域

　ヨーロッパ洲はアジヤ洲の北西に連なつてゐる半島狀の大陸で、北には北極海、西には大西洋をひかへ、南は地中海を隔ててアフリカ洲と相對してゐる。面積はアジヤ洲の四分の一にも足りないが、人口は約二分の一で、人口の密度はすべての大陸中で最も大である。

　本洲はロシヤ・ドイツ・フランス・イギリス・イタリヤ等大小三十餘國に分れてゐる。イギリス・フランス・イタリヤは何れも世界の主要國で、他の大陸に廣い領地をもつてゐる。

アルプ山脈中の高峯

地形

　本洲の南部及び南西部にはアルプ山脈をはじめ、あまたの山脈があつて、平地が少く、また北部のスカンヂナビヤ半島にも平地が少い。しかしその他の部分は大てい大きな平地で、殊に東部のロシヤから中部のドイツへかけての平地は最も廣大である。ライン川・ダニューブ川・セーヌ川・テームス川等をはじめ、多くの川は一般に流がゆるやかである。

甜菜畑と甜菜

氣候

　ヨーロッパ洲は大西洋近海を流れるメキシコ灣流と稱
する暖流の影響を受けるから、アジヤ洲や北アメリカ洲
の同緯度の地方に比べると、氣候が遙かに溫暖である。
その上大西洋方面から濕氣をもたらすので、雨量が多
い。したがつて本洲には沙漠がない。

フランスのぶだう畑

農業

オリーブの收穫

　農業は廣く行はれ、東部から中部へかけては麥類・麻、中部では甜菜・馬鈴薯等がたくさんとれる。ロシヤ・ポーランドでは麻織物、ポーランド・ドイツ・フランスでは甜菜糖の製造が頗る盛である。また地中海方面ではぶだう・オリーブ・レモン等の栽培が盛である。フランス・イタリヤではぶだう酒がたくさん製造される。

アルプ山中の牧畜

牧畜業	牧畜は廣く各地に行はれ、羊・牛・馬等の飼養が盛である。中でもロシヤには南東部に廣い草原があるから、牧畜が殊に盛で、皮類の製造業も發達してゐる。オランダ・デンマークでは乳牛の飼養が盛で、バタ・チーズが製造され、外國にも輸出される。また地中海方面では羊・山羊(やぎ)の飼養が盛である。
林業	中部から北の諸國には森林が多く、殊にロシヤ・スエーデン・フィンランド・ドイツ等には廣い森林があつて木材の產額が多い。またスエーデン・ノルウェーでは木材から盛にパルプを製造する。このパルプは我が國にも輸入される。
水產業	ヨーロッパ洲の西の海岸は水產業が極めて盛である。中でもノルウェーの近海と北海とは世界屈指の大漁場で、ノルウェーの近海のたら・にしん、北海のにしんはその產額が極めて多い。

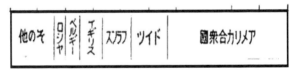

世界に於ける銑鐵の產額の比較
總產額約八千八百萬噸　(昭和三年)

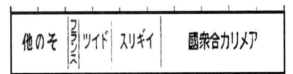

世界に於ける石炭の產額の比較
總產額約三十億噸　(昭和三年)

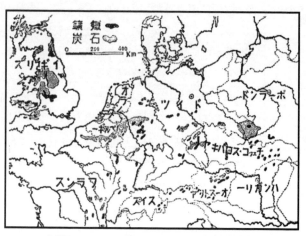

中部ヨーロッパに於ける石炭・鐵鑛の主な産地

鑛業・工業

　中部から西部にかけては鐵鑛・石炭が豐富である。殊にイギリス・ドイツでは石炭、フランス・イギリス・ドイツでは鐵鑛の産額が多く、何れも世界の主な産地となつてゐる。さうして一般に鐵と石炭の産地が接近してゐるので、これらの諸國では製鐵、機械の製造が甚だ盛である。また他の大陸から輸入した原料を用ひて種々の工業品をも製する。中でも綿絲・綿織物・毛織物・船舶・藥品・機械等はその産額が甚だ多く、廣く各國へ輸出される。このほかベルギー・オランダにも各種の工業が發達してゐる。

交通・貿易

　本州は産業の進歩と共に交通の便も大いに開け、鐵道は到る所に敷設されてゐる。中でもベルギー・スイス・イギリス・ドイツ等の諸國では鐵道が極めて發達してゐる。

　鐵道の幹線はロンドン・パリー・ベルリン・モスコー等を中心として四方に通じてゐる。ロシヤを通ずる幹線はシベリヤ鐵道の幹線と接續してゐる。

　川は地形上一般に運輸の便がよく、その上運河によつて互に連絡されてゐるところが少くない。黑海方面とバルチック海や北海方面とが川によつて航路が相通じてゐる。

　また近時航空事業が發達し、主要な都會の間には定期航空路が開かれてゐる。

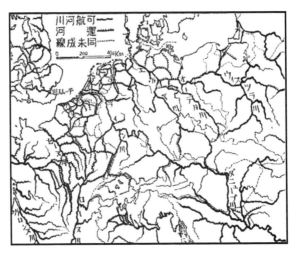

中部ヨーロッパの可航河川及び運河

　本洲は海岸線の出入が多く、また川の下流は大きな船が通れるから、海岸にも河岸にも到る所に良港があつて、水上の交通は甚だ便利である。イギリスのロンドン・リバプール、ドイツのハンブルグ、フランスのマルセーユは何れも世界で名高い港で、世界各地の諸港と航

路が相通じ、船の出入が極めて多い。殊に大西洋上に於ける船の交通は最も盛である。

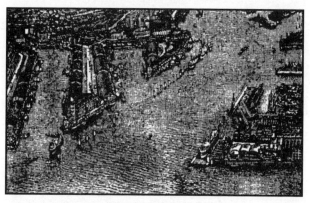
ハンブルグ港

　水上交通の發達、造船業の進歩と共に本洲諸國の船舶は愈愈その數を増加し、イギリス・フランス・イタリヤ・ドイツ・ノルウェーは、何れも世界の海運業に於て優勢の地位を占めてゐる。中でもイギリスは世界で最も海運業の盛な國で、世界の貿易の中心になつてゐる。

ロシヤの農場

ロシヤ(露西亞)	ロシヤ(ソビエト聯邦)は一般に平地で、大きな川が多く、水運・灌漑共に便利であるが、北の大部分は寒氣がはげしいので、産業が發達してゐない。しかし南部は割合に温暖で、農業や牧畜が甚だ盛である。殊に小麥の産額が多い。 　この國は本國の面積が大きいばかりでなく、アジヤ洲に廣い領地を有し、イギリスに次いでの大きな國である。 　首府モスコーは陸上交通の要地である。  　　　　　モスコーの市街
ドイツ(獨逸)	ドイツはもと海外に廣い領地を有してゐた大國で、商業・鑛業・工業・海運業等が極めて盛であつたが、世界大戰の結果、本國の一部と海外の領地の全部とを諸外國に譲り渡し、これと共に多くの鐵鑛産地や炭田を失ひ、また多數の大きな船を諸外國に引渡したため、國力が一時大いに衰へたが、國民が復興に努力したので、今は各

種の產業が再び盛になつて來た。またこの國は學術の研
究及びその應用が盛で、殊に化學工業が最も發達してゐ
る。

ベルリンの市街

　首府ベルリンは人口が約四百萬、ヨーロッパ洲に於け
る陸上交通の要地で、商工業も盛な所である。

パリーの市街

フランス (佛蘭西)	フランスは海外に廣い領地を有し、本國とその領地とを合はせると、面積の大きなことでは世界の第三位で、イギリス・ロシヤに次いでゐる。氣候は一般に溫和で、南部の地中海沿岸地方は殊に溫暖である。 　氣候がよく、地味の肥えた耕地が多いから、農業が盛で、小麥・ぶだう等の產額が多く、ぶだう酒の製造が盛である。また石炭・鐵の產額が多いから、工業も發達してゐる。中でも絹織物は有名であるが、その原料は主として我が國や、支那から輸入されるのである。 　首府パリーは人口が約三百萬、美術・工藝の盛な都會である。
イギリス (英吉利)	イギリスは、その本國は我が國より小さい島國であるが、海外到る所に領地を有し、世界無比の廣い領地と多數の人口とをもつてゐる。その面積と人口とは共に世界の四分の一に上つてゐる。この國には多量の石炭が產出するので、その領地や諸外國から種々の原料品を輸入して、これに加工する工業が極めて盛である。中でも綿・羊毛の紡績業や織物業の盛なことは世界にその比を見ない。また鐵鑛の產出も多いから製鐵業もよく發達してゐる。これらの工業製品は大部分諸外國へ輸出される。したがつて貿易業が本國と領地との間に盛であるばかりでなく、諸外國との間にも極めて盛である。かやうにイギリスに於ては鑛業・工業・商業及び海運業が相待つて發達してゐるので、この國が今日の富强をなしたのは決して偶然ではない。

バーミンガム

ロンドンの市街

首府ロンドンはテームス川の下流に臨み、接續してゐる町を加へると、人口が約七百八十萬、世界第一の大都會である。またロンドンはリバプールと共に、世界各

國の船舶の出入が頗る盛な所で、世界の大貿易港である。バーミンガム・マンチェスターは共に工業の大中心地である。

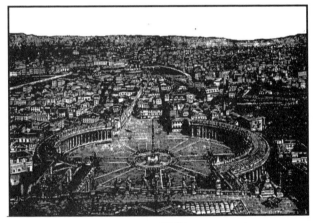

ローマの市街

イタリヤ
(伊太利)

イタリヤは我が國のやうに山地が多く、火山に富み、地震も多い。川は交通にはあまり利用されないが、發電には大いに利用され、その電力は國内に石炭の産出額が少いので、主として工業の動力に用ひられる。北部のポー川の平地は農業が發達し、工業も盛である。またこの國は地中海の交通の要路に當つてゐるので、海運業・貿易業も近年大いに發達して來た。

首府ローマは古來有名な所で、ネープルス港は景色が良い港である。

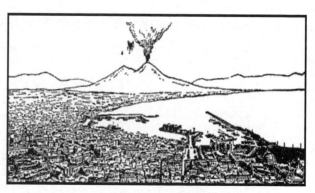

ネープルス港

その他　　オランダ・ベルギーは、その本國だけでは何れも我が國よりよほど小さいが、共に海外に廣い領地を有してゐる。オランダは農業・牧畜が盛な所で、ベルギーは工業の發達してゐる所である。またこれらの二國は我が國やイギリスと共に人口の密度が世界で最も大きな國である。

オランダの風景

デンマークは農業・牧畜で名高く、スエーデン・ノルウェーはスカンヂナビヤ半島にある。ポーランド・フィンランド等は世界大戦の結果できた國々である。スイスはアルプ山中の小さい國であるが、水力を利用した各種の工業が發達してゐる。また山水の風景が美しいので、遊覽地として世界に知られ、登山の設備等も行届いてゐる。それ故諸外國から來遊する者が極めて多い。

アルプ山中のケーブルカー

我が國との關係　歐洲諸國の中、我が國と條約を結んでゐる國は二十餘國もある。その中イギリス・フランス・イタリヤ・ドイツ・ロシヤ・ベルギー等の諸國には大使館を置き、その他の條約國には大てい公使館を置いてゐる。

　我が國と歐洲諸國との交通は甚だ便利で、イタリヤ・フランス・イギリス・ベルギー・オランダ・ドイツの主な港には我が歐洲航路が通じてゐて、貿易も益益盛になつて行く。殊にイギリス・フランス・ドイツは我が國の貿易上の主な取引先で、我が國から輸出するのは生絲と絹織物が主である。生絲はフランスへ、絹織物はイギリス・フランスへ行くものが多い。我が國へ輸入するのはイギリス・ドイツからの毛織物・鐵・機械・人造肥料が主なものである。

第二十一 日本と世界

六大洲

　六大洲の中、アジヤ洲とヨーロッパ洲とは早くから開けて、世界の文明國は多くこゝに起つた。したがつてこの兩洲は人口が多く、世界の住民の約五分の四はこゝに住んでゐる。現今最も國勢の盛なのはアジヤ洲では我が國、ヨーロッパ洲ではイギリス・フランス・イタリヤ・ドイツ等の諸國である。

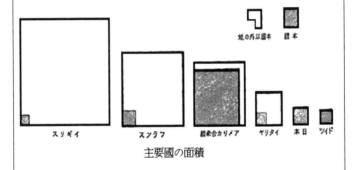

主要國の面積

　南北兩アメリカ洲は新大陸と呼ばれてゐて、開けはじめてからまだ數百年を經るに過ぎないが、大體氣候が溫和である上、天產物も多いから、ヨーロッパ洲・アジヤ洲の各地からこゝに移住するものが增加するにつれて、その開發は著しく進步した。殊に北アメリカ洲のアメリカ合衆國は國勢が盛である。

　アフリカ洲・大洋洲は殆どその全部がイギリス・フランス及びアメリカ合衆國等の領地となつてゐる。

三大洋	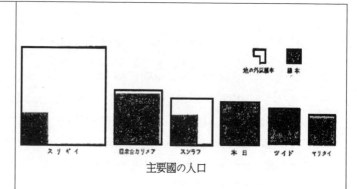 主要國の人口 　三大洋卽ち太平洋・大西洋・印度洋の中で、大西洋はヨーロッパ洲と南北兩アメリカ洲との海上交通の要路で、世界の商船の過半は大西洋上を往來してゐる。  大西洋航路の大きな汽船 　印度洋はヨーロッパ洲とアジヤ洲とを連絡する海上交通の要路である。殊にスエズ運河が開通してから、この兩洲の間の航路が大いに短縮され、船舶の往來が益益盛になつて來た。

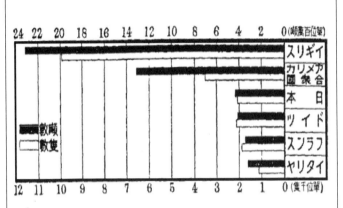

主要國の汽船(百噸以上)の隻數と噸數(昭和三年)

太平洋は三大洋中の最も大きな海で、アジヤ洲・大洋
洲と南北兩アメリカ洲とを連絡する海上交通の要路であ
る。それ故我が國をはじめ、沿岸諸國が發達するに伴な
ひ、航路も著しく發達した。加ふるにパナマ運河が開通
して大西洋との連絡がたやすくなつたので、太平洋を航
行する船舶の數も大いに増加し、太平洋は世界交通上一
層重要なものとなつた。

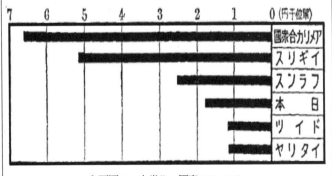

主要國の一人當りの國富(昭和三年)

我が國	我が國はアジヤ洲の東部、太平洋の北西部にあつて、世界交通上の要路に當り、國運が大いに進み、今では世界の主要國の一つとなつてゐる。我が國は世界の三十餘國と條約を結び、イギリス・フランス・イタリヤ・ドイツ・アメリカ合衆國をはじめ、主な國には大使館を置き、その他の國には大てい公使館を置いてゐる。かくて汽船は互いに往來し、通信は迅速に交換せられ、交通や貿易は年を追うて益益發達して行く。

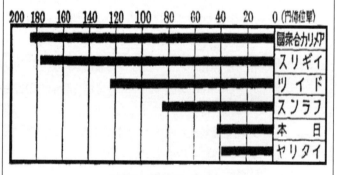

主要國の貿易額(昭和三年)

　今や我が國は世界の海運上及び貿易上に於て頗る勢力を占め、國勢が甚だ盛になつて來た。貿易に於ては輸入額は輸出額を超過してゐる。それ故國民は更に一層の努力を要する。

第二十二 地球の表面

地球の大きさ

地球は形が球のやうで、その直徑は約一萬二千七百キロメートルであるが、東西の直徑は南北の直徑よりも約四十三キロメートル長い。

陸地と海洋

地球の表面は高低が一樣でなく、高い所は陸地となり、低い所は海洋となつてゐる。陸地の面積と海洋の面積との比は三と七である。

海洋は太平洋・大西洋・印度洋の三大洋に分けられ、陸地はアジヤ洲・ヨーロッパ洲・アフリカ洲・北アメリカ洲・南アメリカ洲・大平洋洲の六大洲に分けられてゐる。陸地の大部分は北半球にある。

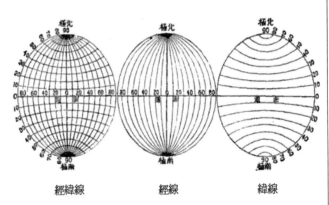

| 經緯線 | 經線 | 緯線 |

經線・緯線

地球の南北の直徑を地軸といひ、その北の端を北極、南の端を南極といふ。地球の表面に於て南北兩極を結び付ける半圓周を假想して、これを經線(けいせん)または子午(しご)線といひ、極から等距離(とうきより)の地

經度・緯度	點を連ねる線を假想して、これを緯線(ゐせん)といふ。緯線の中で兩極から等距離にあるものを赤道と呼ぶ。 　經線はイギリスのグリニチ天文臺を通ずるものを假想して、これを零度とし、これを本として、東のは東經何度、西のは西經何度と數へ、各各百八十度で終る。この百八十度の經線は東經も西經も同じ一線である。 　緯線は赤道を零度とし、これを本として、北のは北緯何度、南のは南緯何度と數へ、各各九十度で終る。北緯九十度は北極、南緯九十度は南極で、何れも點である。 　經度も緯度も一度は六十分、一分は六十秒に分ける。
地點の定め方	經線は南北の線で、緯線は東西の線であるから、地球表面のあらゆる地點は、この兩線によつて明らかに指示することができる。例へば東京天文臺は東經百三十九度四十四分四十一秒の線と、北緯三十五度三十九分十六秒の線とが交つた所にあるといへば、その場所が極めて明らかに知られるのである。
地圖	地圖をつくるには經線と緯線とを本として、實際の大きさを縮めて描くのであるが、地球の表面は球の表面のやうになつてゐるから、實際の形そのまゝに、平たい紙面に描き表すことがむづかしい。それ故方向・距離・面積等の中何れを最も實地に近づけて描くか、その目的如何によつて、經線・緯線の表し方が違ふ。したがつて圖面の上では、方向や距離や面積等の表はれ方が實際と違ふことがある。

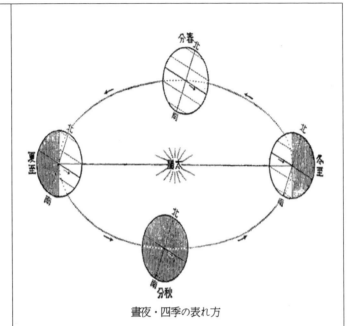

晝夜・四季の表れ方

地圖では山・川・都會等地表の事物はすべて眞上から見下した形に描いてあるのが普通である。また地圖の種類によつては記號によつてそれぞれの事物を示してある。

地球は上の圖に示してあるやうに傾いてゐて、地軸を軸として西から東に廻轉しながら、大體きまつた道を通つて、太陽のまはりを西から東にめぐつてゐるのである。地球が地軸を軸として一廻轉するには一日を要し、太陽のまはりを一周するには一年を要する。この一廻轉によつて晝夜の別が起り、一周によつて四季の別が生ずる。

晝夜・四季

經度の差による時間の違ひ

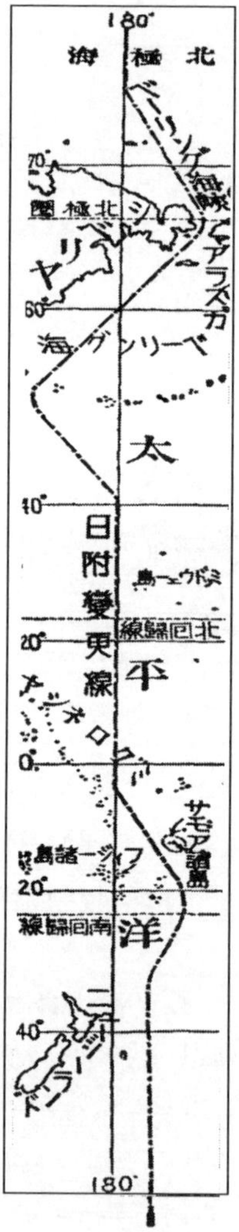

（月曜日）（日曜日）
日附變更線

我が國の標準時

　地球はほゞ二十四時間に一廻轉するから、地表の地點はこの間に三百六十度をめぐる。したがつて一時間には十五度をめぐる割合になる。それ故經度十五度を隔てた甲の地點と乙の地點との間には、時間に一時間の差ができる。

　東京は東經百三十九度餘であるから、グリニチに比べると九時間餘早い。即ち東京の午前九時はグリニチの午前零時頃である。

　我が國では臺灣地方等を除き、一般に東經百三十五度の經線の時を中央標準時と定めてこれを使用し、また臺灣地方等は東經百二十度の經線の時を使用することになつてゐる。

日附變更線	かやうに經度十五度の差で一時間の差が生ずるから、所によつては二十四時間即ち一日の差があらはれる。したがつて同じ地球表面に於て日附が一日違ふから、列國は申合はせて、大體百八十度の經線を境として、西から東にこれを越えた時には前日と同じ日附にし、東から西に越えた時には翌日と同じ日附にして、日附をそろへることにしてある。この境となる線を日附變更線といふ。
赤道以北と以南との季節の違ひ	季節は赤道の北と南とで反對になつてゐる。例へば我が國の夏はオーストラリヤの冬で、オーストラリヤの夏は我が國の冬である。

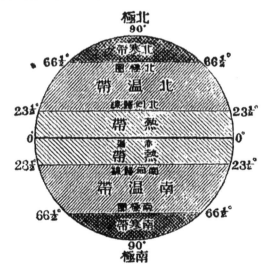

氣候帶

氣候帶	赤道附近はこれを熱帶といひ、兩極附近はこれを寒帶といふ。熱帶は北緯二十三度半と南緯二十三度半との

間で、赤道から北を北熱帯といひ、南を南熱帯といふ。寒帯は北極と北緯六十六度半との間、南極と南緯六十六度半との間で、北のを北寒帯と呼び、南のを南寒帯と呼ぶ。熱帯と寒帯との間は溫帯で、北半球の溫帯は北溫帯、南半球の溫帯は南溫帯といふ。

　熱帯地方は太陽に眞上から照され、一般に氣溫が高くて暑い。寒帯地方は太陽の光を甚だしく斜に受けて、一般に氣溫が低く寒氣が強い。しかし氣溫は水と陸との分布、海流等の影響を受けて非常に變化するものであるから、同じ緯度にある所でも甚だしく違ふことがある。溫帯地方は一般に氣候が溫和で、人類の生活に適してゐる。

初等地理書　卷二　終

昭和八年四月十二日翻刻印刷
昭和八年四月十五日翻刻發行

初等地理二

定價金二十錢

著作權所有

發行所

著作兼
發行者

翻刻發行
兼印刷者

著作兼
發行者　朝鮮總督府

京城府元町三丁目一番地
朝鮮書籍印刷株式會社

代表者　井上主計

京城府元町三丁目一番地
朝鮮書籍印刷株式會社

朝鮮總督府編纂 (1934)

『初等地理書附圖』

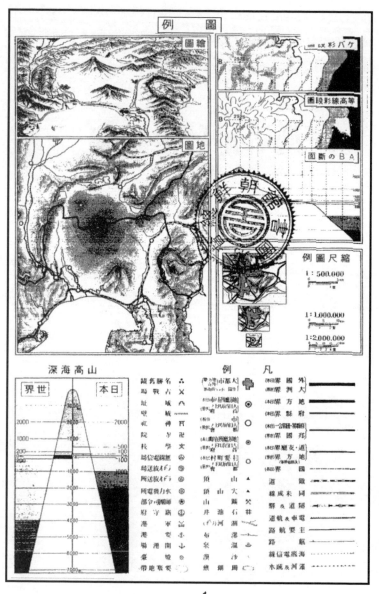

1

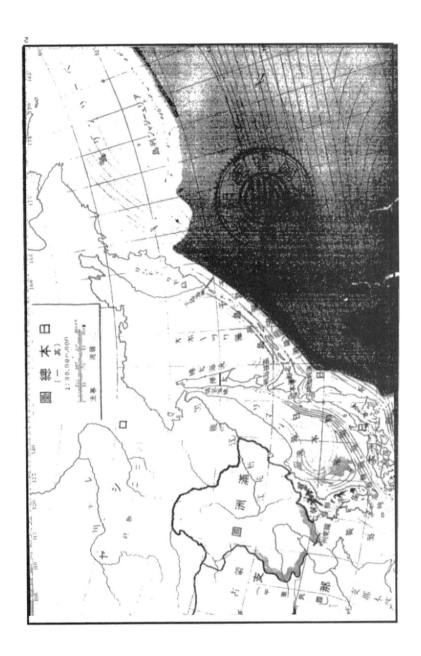

日本總圖
(一)

1:30,000,000

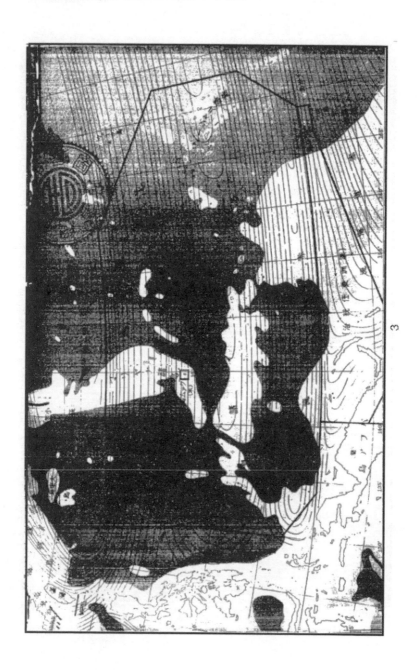

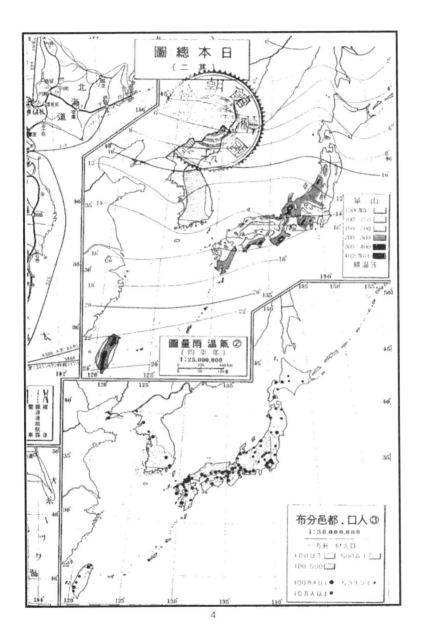

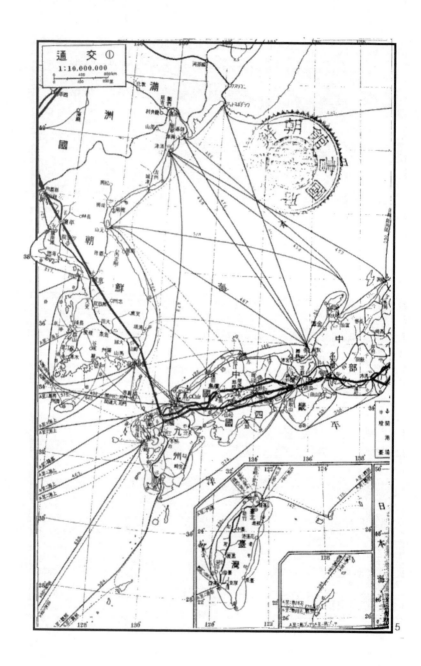

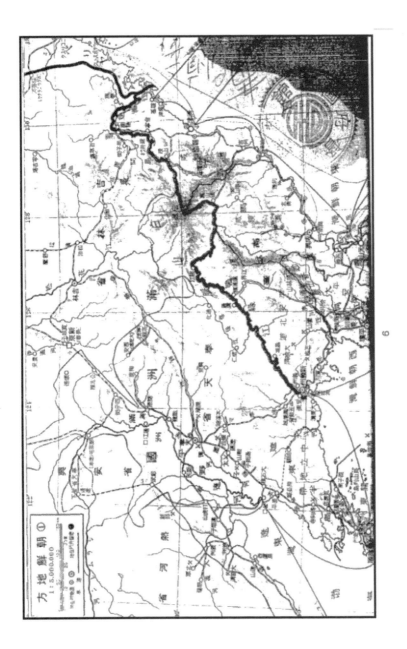

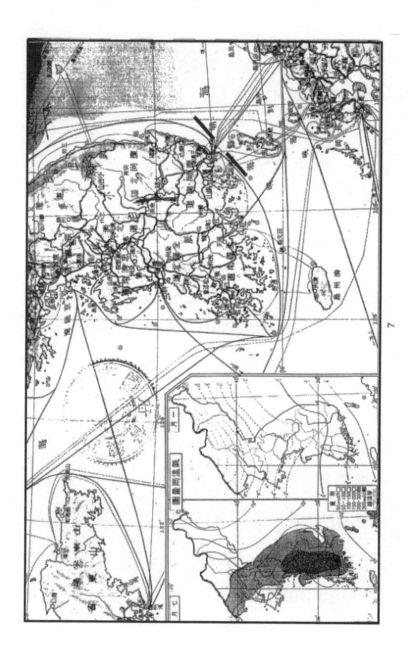

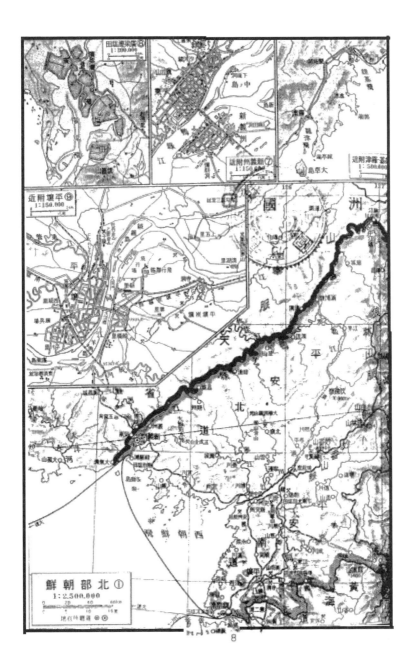

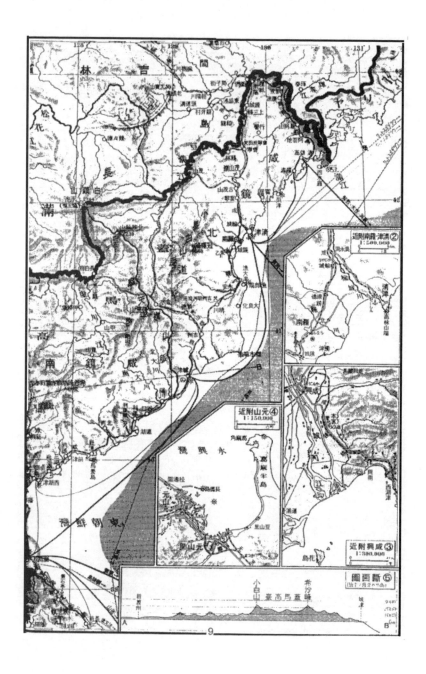

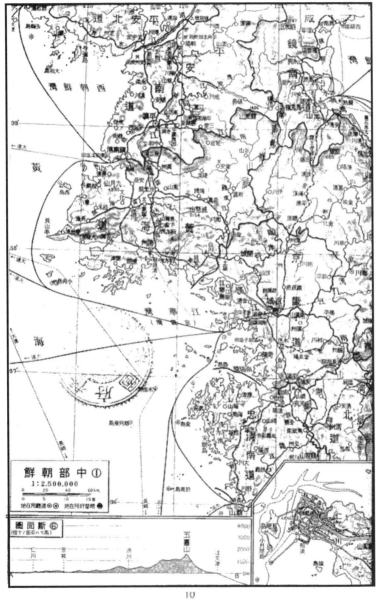

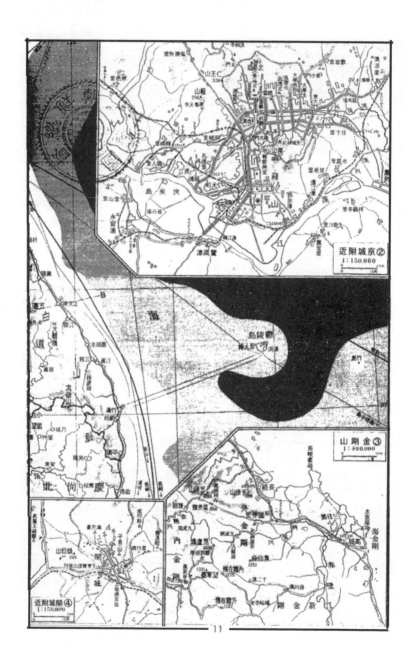

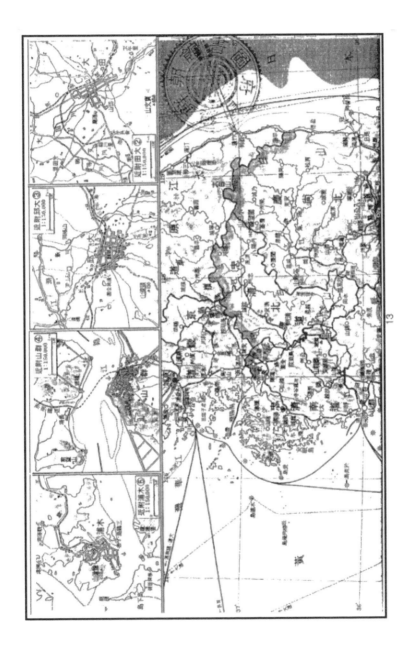

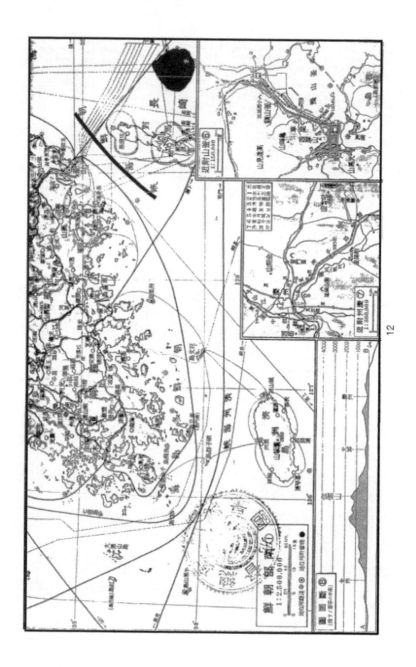

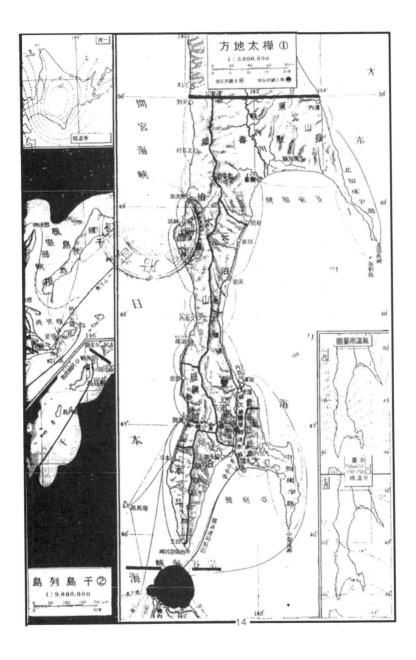

樺太地方 ①

千島列島 ②

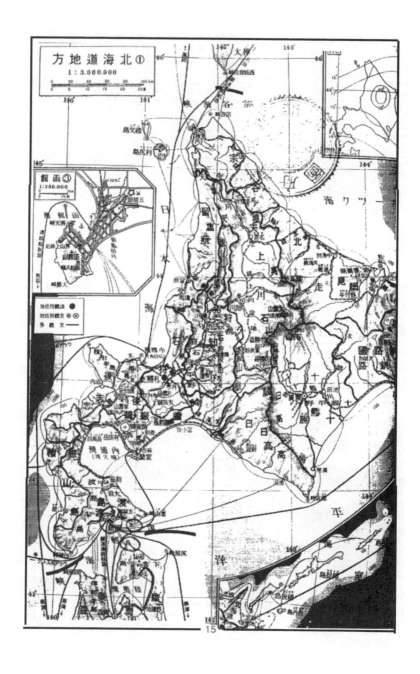

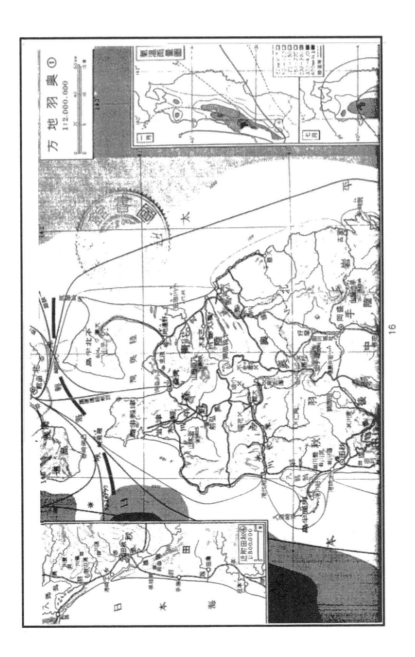

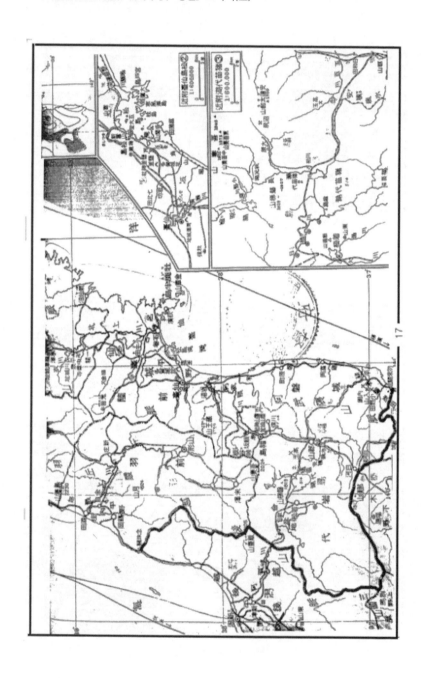

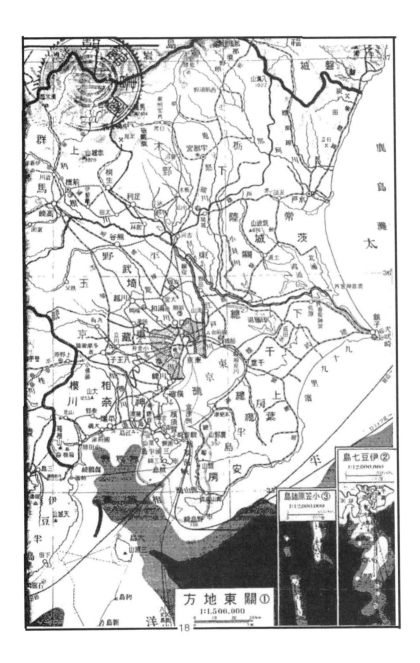

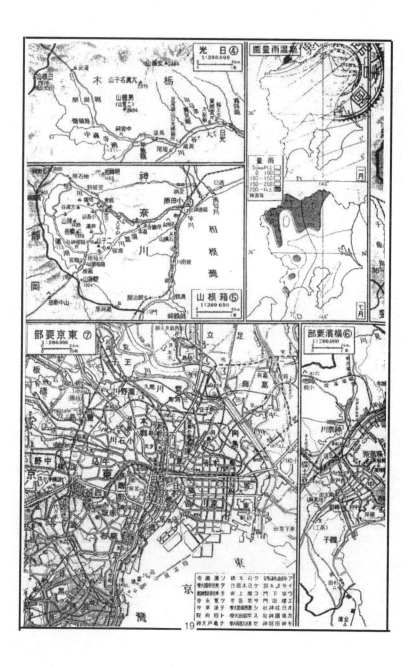

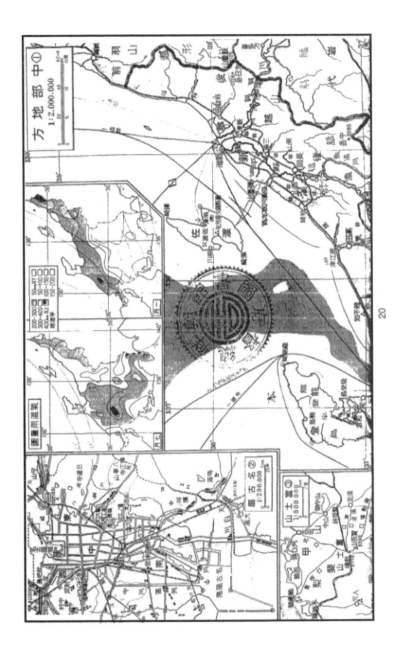

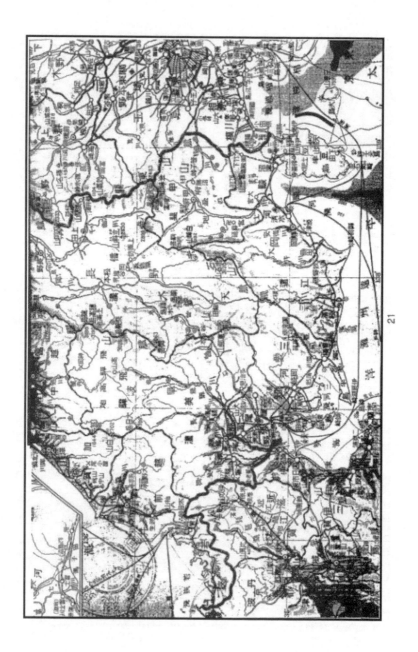

21

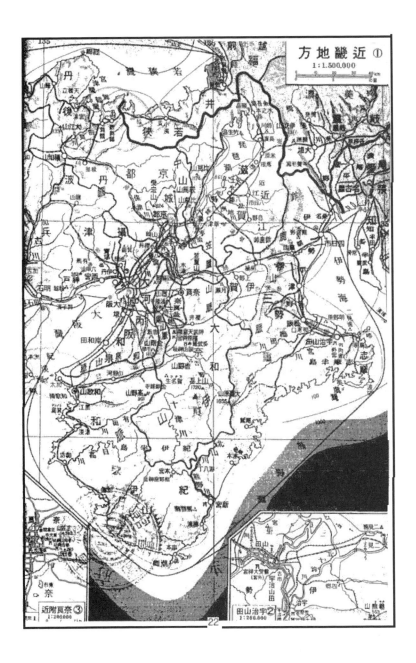

近畿地方 ①
1:1.500.000

奈良附近 ③
1:200.000

宇治山田 ②
1:266.000

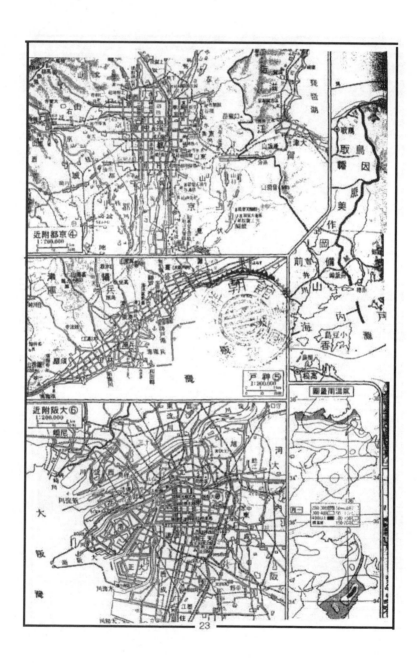

23

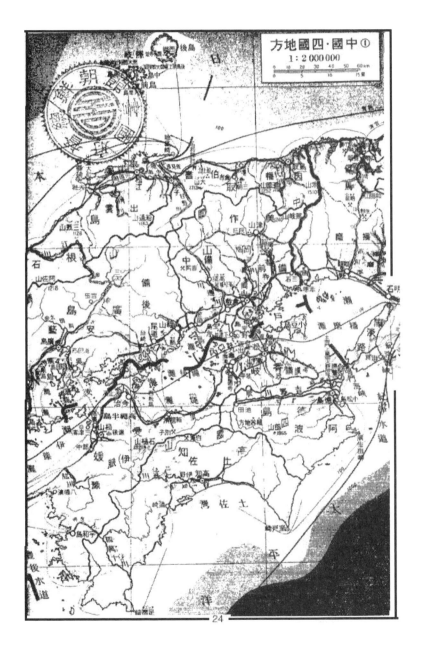

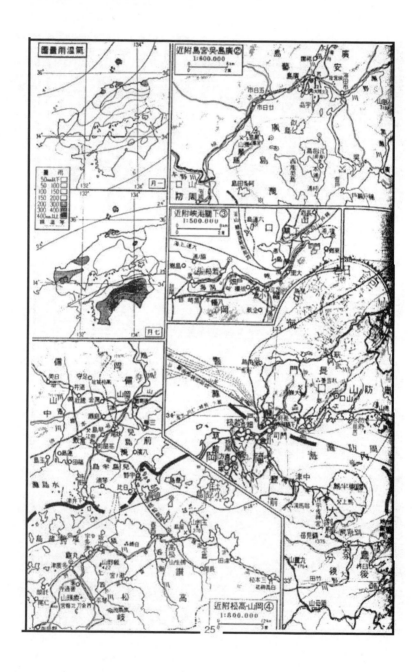

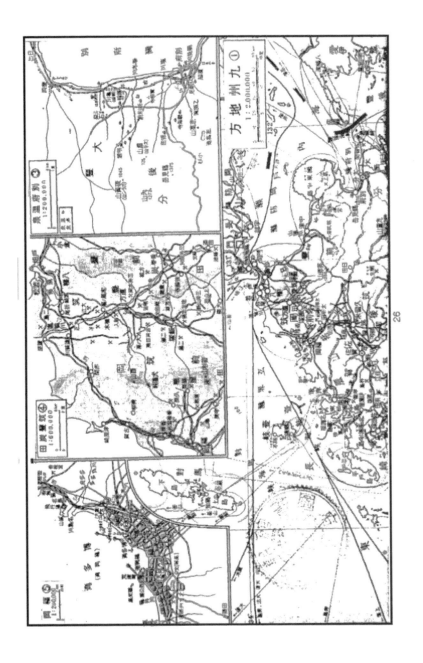

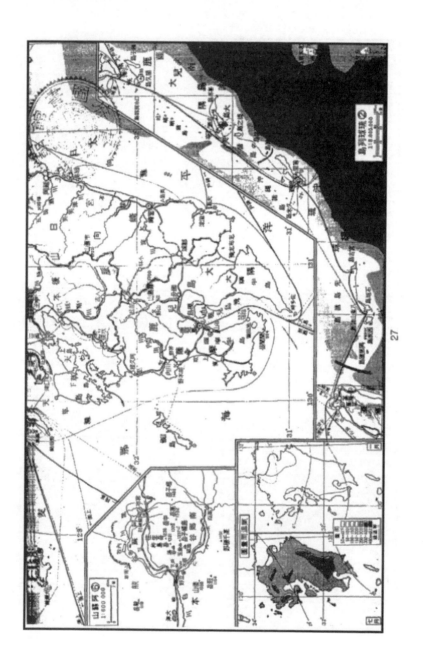

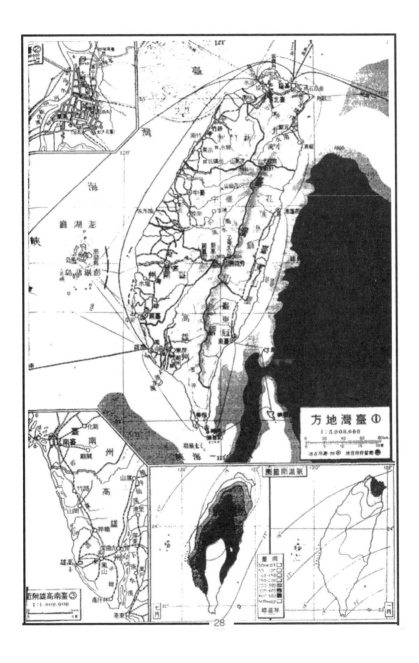

① 臺灣地方
1:3,000,000

③ 臺南高雄附近
1:1,000,000

氣溫雨量

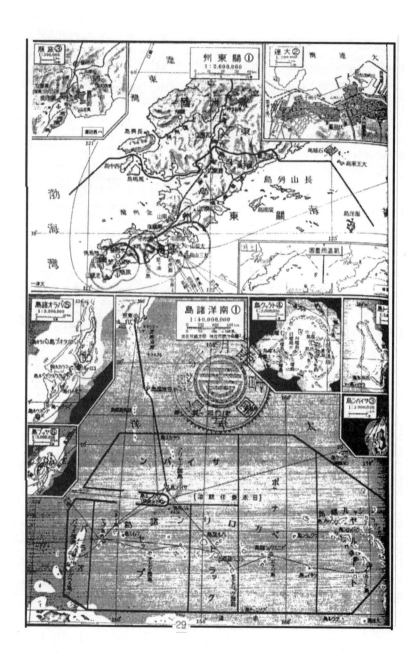

さ高の均平陸大各④
(倍百の準標は高)

オスラトリヤ

ヨーロッパ

南アメリカ

北アメリカ

アフリカ

アジア

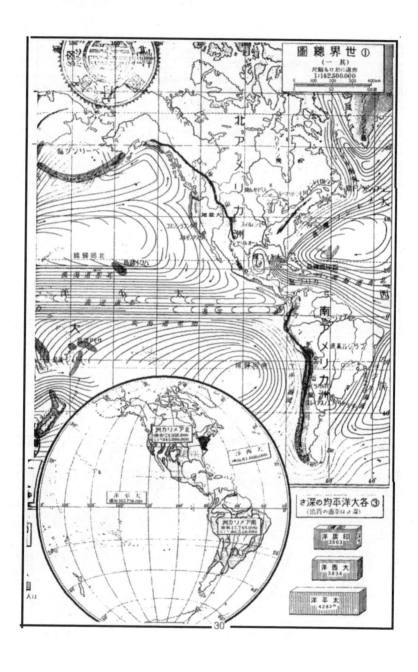

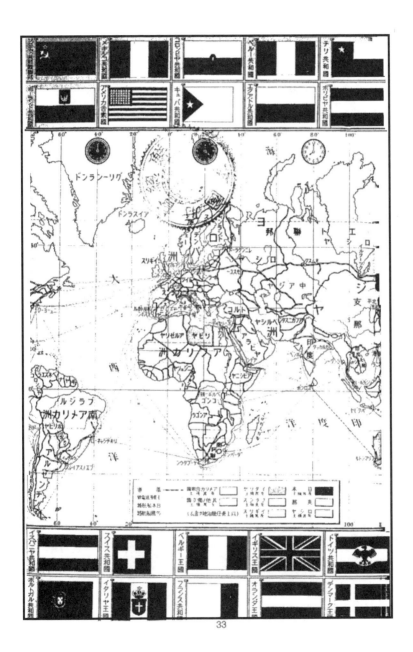

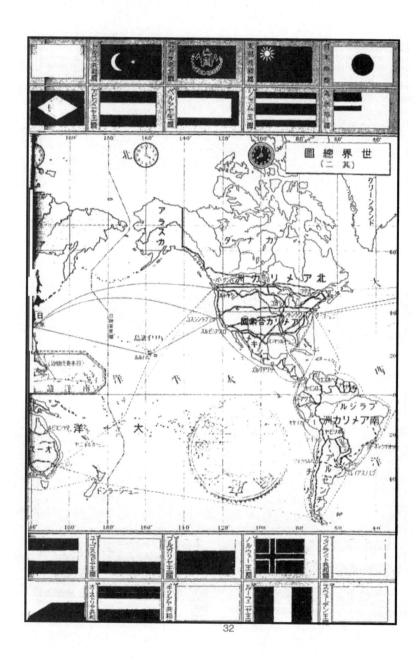

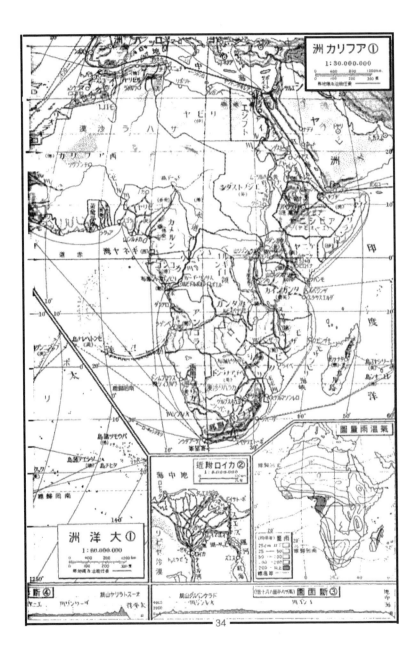

34

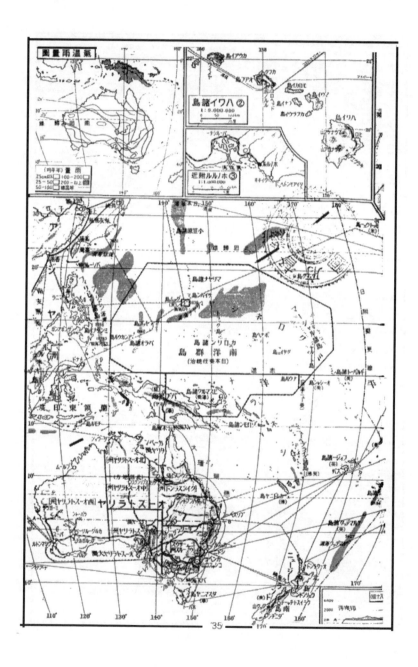

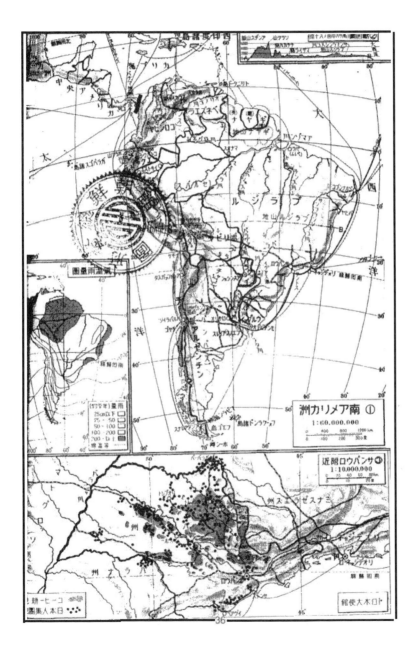

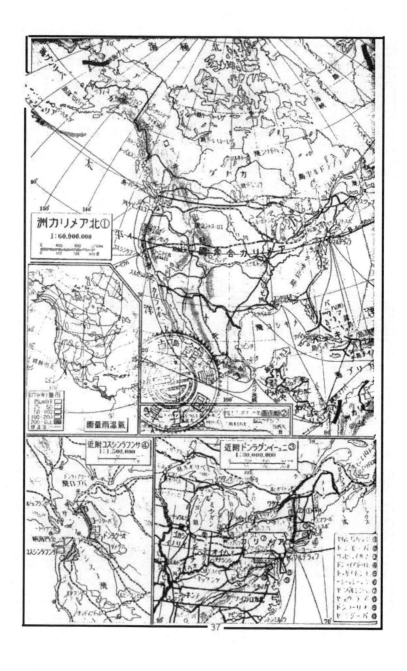

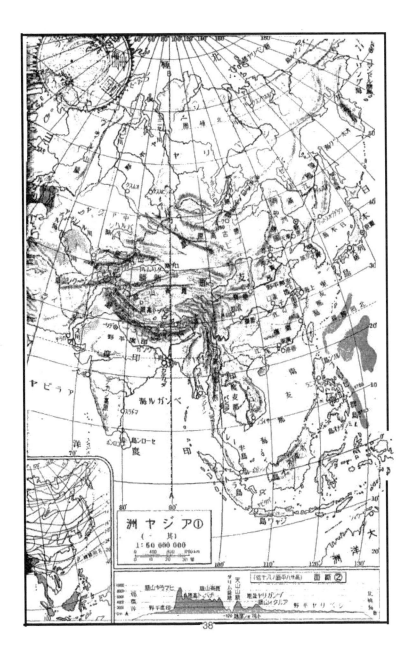

アジア洲①
(-其)
1:50 000 000

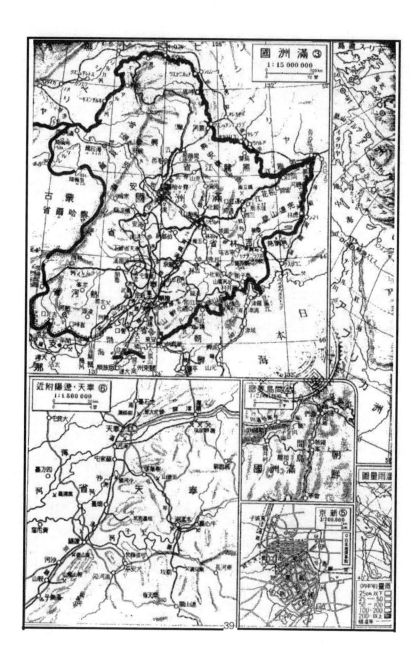

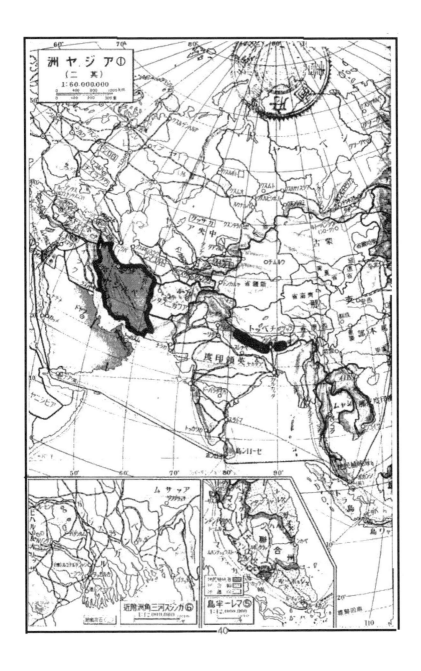

41

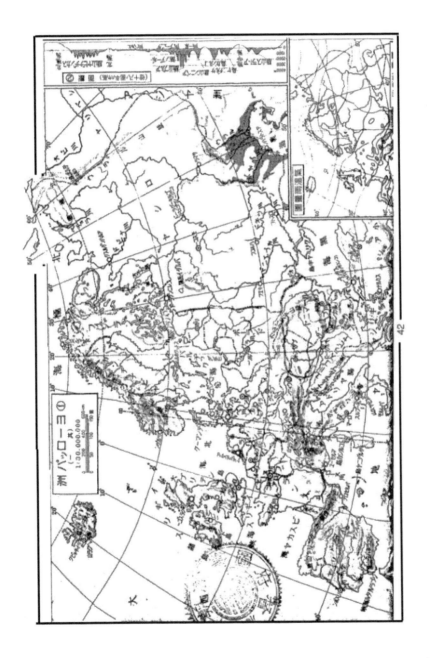

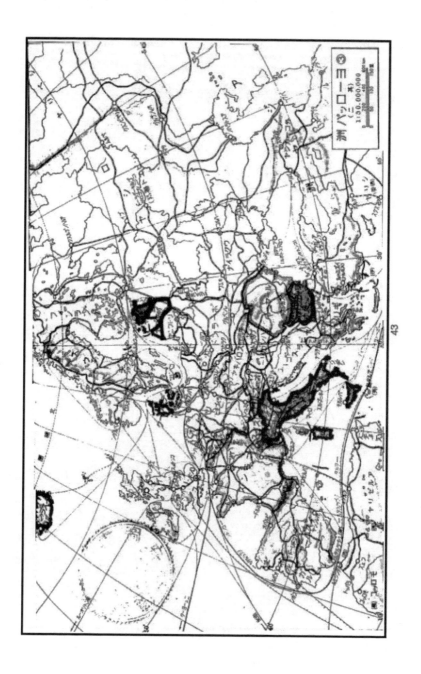

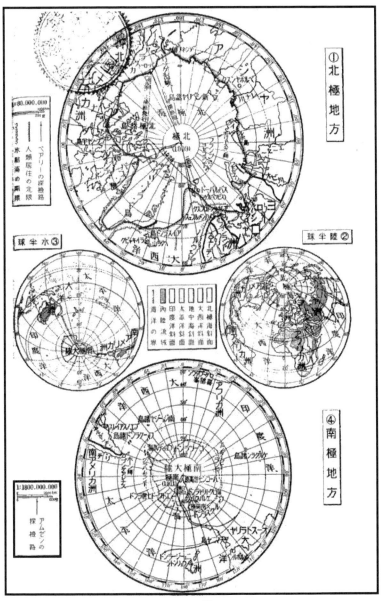

44

昭和九年三月二十五日 印刷
昭和九年三月三十一日 發行

初等地理書附圖 共

定價金二十六錢

著作權所有

著作者 朝鮮總督府

京城府元町三丁目一番地
發行者 朝鮮書籍印刷株式會社
代表者 井上主計

東京市神田區神保町一丁目一番地
印刷者 株式會社三省堂
代表者 龜井寅雄

京城府元町三丁目一番地
發行所 朝鮮書籍印刷株式會社

편자소개(원문서)

김순전 金順槇
소속 : 전남대 일문과 교수, 한일비교문학・일본근현대문학 전공
대표업적 : 저서 : 『한일 경향소설의 선형적 비교연구』, 제이앤씨, 2014년 12월

사희영 史希英
소속 : 전남대 일문과 강사, 일본근현대문학 전공
대표업적 : 저서 : 『『國民文學』과 한일작가들』, 도서출판 문, 2011년 9월

박경수 朴京洙
소속 : 전남대 일문과 강사, 일본근현대문학 전공
대표업적 : 저서 : 『정인택, 그 생존의 방정식』, 제이앤씨, 2011년 6월

장미경 張味京
소속 : 전남대 일문과 강사, 일본근현대문학 전공
대표업적 : 저서 : 『제국의 식민지 창가』, 제이앤씨, 2014년 8월

김서은 金瑞恩
소속 : 전남대 일문과 강사, 일본근현대문학 전공
대표업적 : 논문 : 「근대 한일미디어와 대중가요의 相乘作用 考察」, 日本語文學,
            2015년 6월

차유미 車兪美
소속 : 전남대 일문과 석사, 일본근현대문학 전공
대표업적 : 논문 : 「일제강점기 國史의 敍事 고찰 -『普通學校國史』와 『初等國史』
            를 중심으로」

여성경 呂娍景
소속 : 전남대 일문과 석사, 일본근현대문학 전공
대표업적 : 논문 : 「일제강점기 초등학교 교과서의 공간 변용-『初等地理』와 『國語
            讀本』을 중심으로-」

朝鮮總督府 編纂 初等學校 『地理』 교과서 (上)

초판인쇄 2017년 4월 7일
초판발행 2017년 4월 17일

편　　자 김순전 사희영 박경수 장미경 김서은 차유미 여성경 공편
발 행 인 윤석현
발 행 처 제이앤씨
등록번호 제7-220호
책임편집 차수연

주　　소 01370 서울시 도봉구 우이천로 353
대표전화 (02) 992-3253
전　　송 (02) 991-1285
홈페이지 www.jncbms.co.kr
전자우편 jncbook@dauml.net

ISBN 979-11-5917-057-7 94910　　　　**정가** 20,000원
　　　979-11-5917-056-0 (전3권)